Armin Nassehi
Editorial

Leben alleine reicht nicht. Zumindest für Menschen hat das bloße Leben noch keinen Informationswert. Das liegt daran, dass das Leben auch verfehlt werden kann – sonst könnten wir nicht *gut leben*. Leben muss qualifiziert werden, es ist keine rein biologische Kategorie, sondern eine soziale, oder besser: eine prozessuale – aber wahrscheinlich ist das exakt unsere Biologie. Die Kategorie des *guten Lebens*, wie wir sie spätestens seit Aristoteles kennen, ist von zwei Charakteristika geprägt: von ihrer teleologischen Struktur und ihrer Unerreichbarkeit. Teleologisch, weil es um ein Ziel geht, und zwar ein Ziel, das um seiner selbst willen wertvoll ist; unerreichbar, weil das Streben Bedingung des Teleologischen ist. Das gute Leben findet nicht einfach statt beziehungsweise ist nicht einfach da, sondern muss gewollt, erstrebt, geführt werden.

Dabei wusste schon Aristoteles, dass die Eudaimonie, also die Glückseligkeit als Ziel des guten Lebens, zwar selbst erstrebt werden muss, aber durchaus von Bedingungen abhängig ist, die wir nicht allein in der Hand haben: An äußeren Gütern seien Wohlgeborenheit, Geld oder Ehre durchaus hilfreich, bei den inneren Gütern könnten Schönheit, Gesundheit oder Besonnenheit nicht schaden. Das gute Leben ist also ein Leben, das von vielen Faktoren abhängig ist – es muss selbst geführt werden, aber es findet gute oder schlechte Bedingungen vor. Deshalb bedarf das glückselige Leben auch eines Rahmens, der bei Aristoteles von der Polis und von Freunden gewährt wurde. Es ist also wie im richtigen Leben, die Sache mit dem guten Leben.

Wir haben deshalb ein *Kursbuch* aus dem richtigen Leben komponiert. Alle Beiträge halten sich letztlich an die aristotelische Vorgabe, dass man es selbst machen muss, aber am besten in einem entgegenkommenden Umfeld. Tobias Esch erläutert das an der Frage, ob und wie man Glück lernen kann, Gian Domenico Borasio fragt nach dem guten Sterben und Hans Förstl spürt dem Leben mit Alzheimer nach. Friedrich Wilhelm Graf stellt Religiosität auf die Probe – wann und wie dient sie dem guten Leben? Dass gut zu essen mehr impliziert, als gut zu essen, zeigt Jürgen Dollase. Und Herfried Münkler stellt die schwierige Frage, ob militärisches Einschreiten »unserem« guten Leben oder dem guten Leben der »Anderen« dient – oder ob es Bedingungen gibt, welche die beiden Seiten nicht mehr als Antipoden erscheinen lassen.

Gerechtigkeit war für das aristotelische *gute Leben* eine Zentralkategorie – Peter Felixberger fragt nach den heutigen Bedingungen gerechten Lebens und stößt auf merkwürdige Paradoxien. Fürs Ökonomische hatte Aristoteles nur Spott parat. Für die Eudaimonie spielte sie keine Rolle, soweit der Erwerb von Geld ein Selbstzweck wird. Vielleicht ist es ein geradezu paradoxes Symptom der allenthalben beklagten Ökonomisierung des Lebens, dass auch das Ökonomische nun umgekehrt mit Begriffen des guten Lebens erfasst werden soll. Christina von Braun macht sich deshalb auf die Suche nach der Bedeutung des Geldes, Reinhard K. Sprenger spottet über gute Führung – die gebe es »nur im Knast« –, und ich wundere mich darüber, dass Unternehmenskommunikation heute gerne als Wertekommunikation daherkommt.

Wir geben keine Anleitung zum *guten Leben*. Wer könnte das schon? Und wer dürfte das schon? Und welche anderen Sätze würden dabei herauskommen als solche, die dann doch wieder nur die Tradition aufrufen. Bleiben wir doch bei Aristoteles. In seiner Welt war es noch einfacher, das gute Leben wenigstens theoretisch zu bestimmen. Als größte Tugend galt, »dem Fehler des Übermaßes und des Mangels« zu entsagen, wie es in der *Nikomachischen Ethik* heißt. Als quantitatives Problem freilich lässt sich das *gute Leben* nur in einer Welt denken, in der man mit einer Zentralperspektive rechnen kann. Und dann lässt sich auch trefflich eine Anleitung geben. Diese Möglichkeit haben wir nicht mehr. Deshalb sprechen wir eher über die Bedingungen der Möglichkeit des guten Lebens und darüber, wie man übers gute Leben nachdenken könnte. Oder ist das schon die Anleitung?

Wie schwierig die Kriterien des guten Lebens zu bestimmen sind, zeigt sich sehr deutlich in der Architektur, die jene Räume schafft, in denen unser Leben stattfindet und die bestimmte Lebensbedingungen erst ermöglicht – oder behindert. Peter Berner beschreibt und zeigt, wie Räume durch Gestaltung und vor allem durch Umgestaltung Lebensräume erschließen. Wie schwierig die Kriterien des guten Lebens praktisch zu finden sind, drückt die Erzählung »In guten Händen« von Thomas C. Boyle aus – die Protagonistin jedenfalls strebt und wird getrieben. Vielleicht ist das tatsächlich die Bedingung des guten Lebens – die Differenz zwischen Realität und Potenzialität nicht aus den Augen zu verlieren. Ines Pohl führt unsere Kolumne »Brief eines Lesers« fort.

Wir beschließen mit diesem *Kursbuch 172* den ersten Jahrgang des neuen *Kursbuchs* im Murmann Verlag. Unsere Pläne fürs nächste Jahr – ein Wahljahr! – sind vielversprechend. Bleiben Sie gespannt.

München, im September 2012
Armin Nassehi

Ines Pohl
Brief einer Leserin (2)

Was für ein Dreisprung, *Krisen lieben*, *Besser optimieren* und jetzt auch noch *Gut leben*. Das klingt aufs Erste fast wie ein weiteres Produkt des Landwirtschaftsverlags Münster, das gut und gerne unter dem Titel *Denklust* in den Bahnhofskiosken um Aufmerksamkeit heischen könnte. Was soll das bitte mit dem *Kursbuch* zu tun haben, das doch zumindest meiner Generation der Bildungsaufsteiger eine so gewichtige und ehrwürdige Wegmarkierung auf dem Weg hinauf in die Sphären des befreienden Denkens und Meinens war? Und weil manchmal eben nur der Schritt zurück hilft, um den Blick für die Gegenwart freizukriegen, gestatte ich mir folgendes Zitat.

Hans Magnus Enzensberger schreibt im Vorwort der ersten Ausgabe im suchenden Jahr 1965:»Kursbücher schreiben keine Richtungen vor. Sie geben Verbindungen an, und sie gelten so lange wie diese Verbindungen. So versteht die Zeitschrift ihre Aktualität.« Sie schreiben nicht vor, sondern geben Verbindungen an. Und sie gelten so lange wie diese Verbindungen. Das klingt doch eigentlich auch schon 1965 ganz schön nach Denklust, nur dass es damals eben die Landlust noch nicht gab.

Nun wissen wir: Im Jahr 2012 sind Kursbücher so etwas von aus der Zeit gefallen. Pausenlos aktualisierte Apps geben an, um wie viele Minuten der Zug in einer Stunde Verspätung haben könnte, wenn sich denn nichts Unerwartetes auf den Gleisen abspielt. Schon lange geht es nicht mehr um das Große und das Ganze, die Welt erweiternden Verbindungen, die Kursbücher für Generationen von Eisenbahnüberzeugungstätern zur geliebten Feierabendlektüre werden ließen.

Jetzt heißt es: Wann muss ich wo sein, um möglichst das Beste aus meiner Zeit zu machen. Und schwups bin ich mitten drin, in dieser Spirale des ewigen Optimierens. Des Irrglaubens, tatsächlich immer das Optimum aus irgendetwas machen zu können – und zu müssen. Vorweg: Mein Lieblingssatz dieser 171. Ausgabe kommt von Albert Einstein. Ein Satz, von dem man sich durchaus auch an die Hand nehmen lassen kann auf dem Weg durch den sommerhimmelblauen Band: »Man kann die Probleme nicht mit dem gleichen Denken lösen, das die Probleme hervorgebracht hat.«

Was für eine wohltuende Perspektive. Das Gegenteil zum Verharren im Alternativlosen, der Verstrickung in Systemanalysen und Strukturdebatten. Einstein, der alte Fuchs, packt die Misere am Schlafittchen. Yes, it is the economy, stupid! Aber noch viel größer, himmelweit, das Denken an sich, unsere Denkfähigkeit, mehr Denken, anderes Denken wagen! Das ist mein Eigenoptimierungsmantra, mit dem ich mich auf den Weg mache, um dieses *Kursbuch* zu erkunden.

Es geht wohl nicht anders, mögen sich Herausgeber und Chefredakteur gedacht haben, als in diesen Zeiten den Reigen mit einem Text wie dem von Birger P. Priddat zu eröffnen. Wenn der Euro bröselt, muss es wohl um Kapitalismus gehen, und darum, was Reichtum ist und wie leer die Fülle sich anfühlen kann.

So ein Text ist gut. Er erdet und muss in einen solchen Band. Aber erfrischender wäre es gewesen, und hübsch, mit diesem feinen Interview aufzumachen, das am Ende zwar einen zauberhaften Endakkord setzt nach all dem Schweren, aber auch einen trefflichen Auftakt gemacht hätte. Weil Musik eben nicht nur Kunst ist, sondern auch Industrie und Ware, spielt sie auf allen möglichen Ebenen. Und die Beschäftigung damit, allemal wenn sie durch ein Gespräch mit einem sorgfältigen Denker wie dem Großkapellmeister Christian Gansch erfolgt, kann dann so erhellend wie unterhaltsam sein. Armin Nassehi selbst führt neugierig, respektvoll und klar hinein in diese Welt, die für viele doch so verklärt ist. Wir lernen, dass ein Wohlklang immer nur ertönt, wenn die verschiedenen Kräfte und Ebenen zusammenkommen. Dass das

Technisch-Handwerkliche Grundvoraussetzung ist, um die Freiheit zu besitzen, sich dem Künstlerisch-Emotionalen hinzugeben. Das aber wiederum nur dann wirklich erklingen kann, wenn der Musiker um die Hintergründe und Ursachen einer Komposition weiß. Eine Kernpassage des Interviews ist die Auseinandersetzung mit Perfektion und ob nicht gerade Optimieren nicht auch heißen kann, auf genau das letzte Optimum zu verzichten, beispielsweise bei der technischen Virtuosität:»Die allergrößte Kunst ist, im richtigen Moment loslassen zu können.«

Weiß Christian Gansch mit den Möglichkeiten zu verzaubern, lässt Niels Pfläging uns fast wonnevoll auf den Boden der Tatsachen knallen. Glaube, Hoffnung, Geld sind die drei Größen, mit denen er herrlich mittelalterlich erklärt, wie Beratungsfirmen schröpfen und schamanisieren. Allen, die im Management unterwegs sind, gibt er böse Gedankenanregungen. Pfläging belässt es nicht dabei, die geldgierigen Firmen zu bashen, sondern geht den einen Schritt weiter. Wohin führt es, wenn Management zu einer Optimierungsideologie verkommt, deren einziges Ziel die Steigerung von Effizienz ist. Welche Folgen für die Gesellschaft hat diese Sozialtechnologie, die Müßiggang im klassischen Sinn nicht mehr möglich macht. Ausgesprochen lehrreich seine Einlassungen zu den Folgen, wenn wir uns dem tayloristischen Mechanismus ausliefern und im Hamsterrad der Optimierung genau das verlieren, was Albert Einstein als große Grundvoraussetzung beschreibt für eine wirkliche Weiterentwicklung der Gesellschaft – das Denken (nämlich) SELBST. Auch das ein wunderbarer Satz aus diesem *Kursbuch*:»In den meisten Unternehmen führt das heute effektiv zu einem Verbot des intelligenten Zweifelns. (…) Die Folge: Denkstillstand. Hirntod.« Klar und böse und wahr.

Jörn Müller-Quade versucht, in sein Feld der Kryptografie einzuführen und nimmt wohl nur jene mit, die schon sehr viel Vorwissen mitbringen. Schade, denn auch der interessierten Laiin ist klar, dass Müller-Quade wichtige Dinge schreibt, wenn er von den Möglichkeiten spricht, wie geheime Daten optimiert werden können, eben ohne sie offenzulegen. Ein Geheimnis, das mir nun vorerst verschlossen bleibt.

Die erste Frau dann (Jungs, das geht optimaler) beschäftigt sich, wie sollte es auch anders sein, mit der Körperlichkeit. Lydia Rea Hartl huscht durch die Jahrtausende, ist politisch, wenn es um den Organhandel geht und den Gesundheitstourismus, kritisiert die modernen Gesellschaften, die Schönheit als Lockmittel für privaten und beruflichen Erfolg bemessen. Hübsch, dass sie dabei nicht nur die äußerlichen Optimierungsmöglichkeiten aufs Korn nimmt, sondern auch einführt in die Welt des Body Tunings und Hirndopings. Die interviewte Coladose ist eben platt gefahren, aber immerhin ein Übergang zu einem Text, der sich dann endlich in den internationalen Kontext begibt, ein Muss in einem *Kursbuch*, alles andere käme einem Verrat gleich. James Shikwati argumentiert stringent und überzeugend, warum Afrika sich aus der westlichen und asiatischen Entwicklungshilfe befreien muss. Hier werden die Denkräume durch faktenschwangere Argumente eröffnet, ein Zugang, der den Band abrundet und in seiner Überzeugungskraft nichts zu wünschen übrig lässt. In jedem ordentlichen Sammelband, der eine wie auch immer geartete linke Traditionslinie in sich trägt, darf es dann auch einen Beitrag geben, der die Auseinandersetzung mit dem Denk-Gegenstand als solche für überhöht hält. Einer *taz*lerIn herrlich vertraut ist die Distanzierung vom Auftraggeber in einem Nachtrag, wie sie Ingo Rechenberg formuliert. Skurril. Und nach Sabine Maasen und Irmhild Saake dann der Klang, die gelungene Abrundung eines Büchleins, in dem viel drinsteckt an Gehirnfutter, für den Manager, die Mutter, den Menschen. Allein die zerquetsche »Verwandlung« am Ende, hätte man als Original in den Regalen der Schulbibliotheken belassen sollen. Aber das macht ja nichts. Denn wir haben ja gelernt: Überoptimieren geht sowieso nicht. Ich bin nun wirklich gespannt, was das *Gut leben* an neuen öffentlichen Denkräumen und Kurskorrekturen eröffnet.

Armin Nassehi
Gut wirtschaften
Die anschwellende Werteorientierung in
der Unternehmenskommunikation

Wenn man die Selbstbeschreibungen von wirtschaftlichen Akteuren in den Blick nimmt, muss man sich wundern. Ob in Form von *Codes of Conduct* oder *Social Responsibility Commitments*, in Form von *Vision* und *Mission Statements*, ob als Katalog spezifischer Werte wie *Passion, Respect, Integrity, Discipline, Responsibility, Diversity, Sustainability, Community*, in Form *gendersensibler* Formulierungen und Programme, als Präambel für Geschäftsberichte oder als interne Selbstbeschreibung zur Plausibilisierung von Strategien und Zielen – die Unternehmenskommunikation hat die moralische Kommunikation entdeckt, um sich selbst darstellen zu können. Welche Ziele sie damit eigentlich verfolgt, will der folgende Essay näher beschreiben. Damit ist auch umrissen, worum es im Folgenden nicht geht: Es erfolgt keine Diskussion wirtschaftsethischer Ansätze und ihrer empirischen Wirkmächtigkeit. Meine Frage lautet nur: Warum ist werteorientierte Kommunikation als Selbstbeschreibung von Unternehmen und Managern so erfolgreich?

Werteorientierte Kommunikation

Als Beispiel für viele mag vielleicht die von Unternehmen, Consultants und Wissenschaftlern ins Leben gerufene»Wertekommission – Initiative Werte Bewusste Führung« dienen, die im August 2012 eine bundesweite Wertekampagne initiiert hat. Abgesehen von der verunglückten

Syntax ist die merkwürdige Semantik interessant. Auf der Homepage der Wertekommission (www.wertekommission.de) heißt es:

»Unsere Werte haben wir in zahlreichen Diskussionen und auf Foren definiert und geschärft, neu gefasst und wieder überarbeitet. Sie sind ›im Fluss‹, und wir behaupten nicht, dass es nicht auch andere Werte gäbe, die zählen. Jeder Mensch definiert sein eigenes ›Werteset‹. Uns geht es darum, dass sich Werte als Grundlage modernen Managements und erfolgreicher Führung überhaupt durchsetzen. Die Werte, die wir für uns definiert haben, sollen das verdeutlichen und zum Nachdenken anregen – über die jeweils eigenen Werte ebenso wie über die Chancen wertebewusster Führung. Und die Diskussion geht weiter – das ist der eigentliche ›Wert‹.«

Das ist in der Tat nur ein Beispiel für viele – aber es macht sehr schön deutlich, wie diese Art Wertekommunikation funktioniert. Wenn man übrigens genauer hinsieht, fallen die Wertekataloge von Unternehmen fast alle mehr oder weniger identisch aus. Schon deshalb ist es in dem hier zitierten Statement jener Wertekommunikation gar nicht nötig, die Werte eigens zu benennen. Kontingent ist allenfalls ihre Anordnung, ihre Gewichtung und genaue Formulierung, nicht aber die Sache selbst.

Werte sind Kategorien, denen man schwer widersprechen kann – das ist ihr diskursstrategischer Sinn. Auf Werte wird in der Kommunikation immer dann rekurriert, wenn es keine Sachargumente mehr gibt, also wenn es nicht gelingt, von der Sache selbst her zu Problemlösungskriterien zu kommen. Man stellt dann darauf um, die Person als Person anzusprechen und sie mit Werten herauszufordern. Völlig unabhängig vom Inhalt ist der Effekt von Wertekommunikation, dass man Werten nicht wirklich widersprechen kann und dass das, was mithilfe von Werten ausgedrückt wird, hinreichend unscharf bleiben kann, damit die Wirkung tatsächlich eher auf die Person, ihre Innenwelt, ihre Motive und die Einschränkung von Nein-Stellungnahmen zielt als auf sachlich kritisierbare Kategorien. Kommunikationsinhalte, denen man nicht widersprechen kann, erzeugen automatisch Ja-Stellungnahmen. Wer auf Werte umstellt, dem ist Zustimmung sicher.

Versuchen Sie einmal, das Gegenteil von Respekt, Verantwortung, Diversität, Nachhaltigkeit einzufordern, also Respektlosigkeit, Verantwortungslosigkeit, Eindimensionalität oder selbstzerstörerische Verschwendung – das würde kommunikativ nicht funktionieren. Das heißt aber auch, dass der Informationswert solcher Kommunikation gering ist. Sätze, deren Gegenteil nicht wenigstens prinzipiell gelten könnte, sind leer, Anschauungen ohne begriffliche Alternativen sind blind. Und doch sind es keine sinnlosen Sätze, sonst kämen sie nicht in dieser Konzentration vor. Diese Art Kommunikation zielt letztlich weniger auf den rein sachlichen Aspekt einer Äußerung, sondern eher auf den performativen Aspekt, so etwas wie eine Bindung zwischen Sprecher und Hörer herzustellen. Das ist es, was Moral leistet. Sie erzeugt eine zustimmungsfähige Bindung an Motive und schützt Kommunikation vor Abweichung. Das schließt moralische Konflikte nicht aus, denn moralische Kommunikation kann nur dort gelingen, wo der Adressat einer Äußerung sich von moralischen Zumutungen beeindrucken lässt. Deshalb gilt: Je allgemeiner moralische Kategorien formuliert sind, desto unterschiedlichere inhaltliche Aspekte lassen sich darunter subsumieren und desto größer ist die Chance, dass der Adressat an die moralische Zumutung gebunden werden kann. Respekt und Verantwortung, Nachhaltigkeit und Diversität, Leidenschaft und Exzellenz sind hinreichend allgemein und unscharf, um dem Gegenüber keine Chance zu lassen, sich nicht zustimmend zu verhalten. In diesem Sinne passt moralische Kommunikation genau – für das, was Wertekommunikation letztlich möchte: ins Gespräch kommen. Wie es auf der Homepage der »Wertekommission« heißt, ist der Kommunikationsanlass der eigentliche Wert. Man findet Chiffren für etwas, das sich anders schwer benennen lässt. Und kann mit maximal unscharfen Gehalten Schärfe zeigen.

Flankiert werden solche Kommunikationsstrategien übrigens noch durch Befragungsergebnisse unter zumeist jüngeren Führungskräften, die jene Werte auch in ihre eigenen, persönlichen Selbstbeschreibungen einbauen. Nicht mehr Karriere- und Aufstiegsorientierung um jeden Preis, sondern der Wunsch nach werteorientiertem Arbeiten, nach nachhaltigem Wirtschaften, verantwortlichem Handeln usw. stehe nun im Vordergrund, wie die jüngste Managerbefragung (2012) im Auftrag der besagten »Wertekommission« zeigt – die prozentuale Verteilung zu nennen, kann ich mir sparen, denn sie findet sich ähnlich in ähnlichen Studien, an denen offensichtlich großes Interesse besteht. Was die Ergebnisse vor allem zeigen, ist, dass sich diese Form der Selbstbeschreibung, die Beurteilung des Wirtschaftens mithilfe von werteorientierter Kommunikation, bewährt und authentische Stellungnahmen plausibler erscheinen als jene, die durch die klassische männlich-heroische Führungskultur der Altvorderen geprägt war. Im Übrigen geben die meisten Studien auch an, dass jüngere Führungskräfte einen deutlichen Abstand zwischen den Werteorientierungen der Unternehmen und der Wirklichkeit in den Unternehmen wahrnehmen – was ja nur ein Hinweis darauf ist, dass Wertekommunikation nur eine Selbstbeschreibung ist.

Vielleicht wären die klassischen männlich-heroischen Beschreibungen des Wirtschaftslebens als Kampf um Ressourcen, als Konkurrenz um den eigenen Vorteil, als Wettbewerb um die eigenen Interessen sogar authentischer, wenigstens realistischer, weil sie eher abbilden, worum es faktisch geht. Insofern wird Unternehmenskommunikation heute »weiblicher« – selbst wenn es nicht gelingt, Frauen nach angemessenen Quoten zu installieren. Wie eine Generation zuvor in den Familien weibliche Ansprüche insbesondere in Form von Wertekommunikation (Gerechtigkeit/Gleichberechtigung, Emanzipation, Anspruch auf eigenes Leben, Kritik der ausschließlichen Erwerbsorientierung von Männern) erfolgreich waren, werden nun in den Unternehmen mithilfe von Wertekommunikation traditionelle Muster umgestellt, die die Askese des (vormals) männlichen Karrieremodells infrage stellt und so den Sinn des Arbeitens nicht im Arbeiten selbst mehr findet. Dass man das eine eher männlich nennen kann, das andere eher weiblich beziehungsweise eher als Kritik am paternalistischen Paradigma des Immer-schon-so-Gewesen, ist ebenso perfide wie zutreffend. Plausibler jedenfalls scheint heute Wertekommunikation zu sein – was insofern auch eine gewisse Ironie beinhaltet, als der Begriff des Wertes selbst eine ökonomische Karriere hinter sich hat und als abstrakter Wert durch das Wirtschaftsgeschehen sich im Preis konkretisiert, im Sinne der Differenz von Produktionskosten und Nachfrage – und zwar als Geldwert.

Bloße Ideologie? Falsches Bewusstsein?

Als man noch ausreichend kapitalismuskritisch gehärtet war, hätte man all dies als bloße Ideologie abtun können (und die Frage der semantischen Feminisierung von Ansprüchen als Nebenwiderspruchsgedöns), als falsches Bewusstsein in einem falschen Spiel, an dem allenfalls richtig ist, dass es offenbar etwas zu verdecken gibt – wozu sonst diese unrealistischen Beschreibungen?

Aber so einfach lassen sich diese Selbstbeschreibungen nicht abtun, als könne man eine eigentliche Realität hinter diesen Beschreibungen vermuten. Dass sich die Dinge auch anders beschreiben lassen, versteht sich von selbst. Um der Frage nach dem »guten Wirtschaften« auf die Spur zu kommen, stelle ich nun auf eine ganz andere Beschreibung des Ökonomischen um – um danach wieder zum Ausgangspunkt zurückzukommen.

Was ist gutes Wirtschaften? Die Erfolgsparameter des Wirtschaftens sind relativ simpel. Es muss zu einem *return on investment* kommen, sonst nimmt sich ein wirtschaftlicher Akteur die Bedingung der Möglichkeit, weiter zu wirtschaften, oder verschlechtert zumindest seine Position. Die Erfolgsbedingungen des Wirtschaftens sind nahezu unabhängig von den Intentionen und Motiven wirtschaftlicher Akteure, denn es ist ein abstrakter, kaum steuerbarer, in Rückkopplungsschleifen gefangener Marktzusammenhang, der darüber entscheidet, ob sich Erfolg einstellt oder nicht. Das Ökonomische ist vielleicht der eigensinnigste Bereich der Gesellschaft. Geradezu subjektlos resultiert aus der Kumulation vieler Einzelhandlungen ein selbst erzeugter Mechanismus, in dem Wertschöpfung und Wertzerstörung Hand in Hand gehen. Oder anders gewendet: Aus der Kumulation je subjektiver Handlungen folgt eine subjektlose Struktur mit eigensinnigen Folgen.

Als besonders eigensinnig erscheint dieser Bereich der Gesellschaft deshalb, weil in ihm nicht einmal der Verdacht aufkommt, als würde er durch andere Mechanismen getrieben als seine in Bilanzen darstellbaren Parameter. Märkte lügen nicht – sie mögen ungerecht sein oder unangenehme Folgen haben, in ihnen setzt sich nicht automatisch die beste Lösung durch, sie erzeugen Nachfragen, die es ohne ihr Angebot gar nicht gäbe, und nicht zuletzt erzeugen sie Gewinner und Verlierer. Aber sie lügen nicht – freilich sagen sie auch nicht die Wahrheit, sondern objektivieren ihre Resultate aus eigensinnigen Gründen. So sehr die auf Märkten erzeugten Werte Konstruktionen ihrer eigenen Praxis sind, so sehr haben diese Werte einen geradezu objektivierbaren Charakter. Das Geld, jenes fluide Medium, dessen Wert schon durch Gerüchte oder Vertrauensverlust infrage gestellt werden kann, muss stets herhalten, wenn es darum geht, auf »harte« Realitäten zu verweisen, auf Realitäten überhaupt. Das wirtschaftliche Geschehen freilich pflegt volatil zu sein – was ja nichts anderes bedeutet, als dass es schnell ist, so schnell, dass es nicht wirklich stabil sein kann. Gut zu wirtschaften heißt also, sich als ökonomischer Akteur so zu stabilisieren, dass einem die Volatilität der Preise, der Nachfrage und des Angebots nichts anhaben kann und man existent bleibt. Die einzige Existenzbedingung ist die Marktpräsenz – und sie ist für den wirtschaftlichen Prozess in den meisten Fällen nicht wirklich nötig (Stichwort: angebliche oder wirkliche Systemrelevanz!), deshalb sind Märkte eben auch Zerstörer. Sie lassen verschwinden, was nicht marktgängig ist, und sie lassen den überleben, der am Markt überlebt.

Man könnte diese Beschreibung nun so fortführen und käme dann dazu, den Eigensinn der Marktwirtschaft als einen selbstreferenziellen Prozess zu beschreiben, der letztlich im Blindflug oder wie ein U-Boot Realitätskontakt ausschließlich mit den systemeigenen Instrumenten pflegen kann. Diese Instrumente messen rein ökonomieinterne Parameter – und ihr ästhetisch beredtester Ausdruck ist womöglich der Computerhandel an Börsen, in dem Apparate nach Algorithmen über Kauf und Verkauf entscheiden, indem sie Angebot und Nachfrage letztlich an Preisdifferenzen und ihren Dynamiken modellieren. Auch diese Beschreibung des Ökonomischen ist eine Karikatur – aber sie enthält durchaus die entscheidenden Parameter. Denn es ist keineswegs so, dass der Markt eine Maschine ist, in der Angebot und Nachfrage allein über den Preis reguliert werden und damit eine Struktur entstehen lassen. In der Konsequenz sind es aber in der Tat die Bilanzen ökonomischer Akteure, an denen sich ihre Zahlungsfähigkeit oder Kreditwürdigkeit ablesen lässt und die darüber entscheiden, ob man »gut« gewirtschaftet hat. Was ökonomisch »gut« war und was nicht, entscheidet sich letztlich über die Dynamik und die internen Folgen von Zahlungsketten, die nichts anderes hinterlassen als Zahlungsfähigkeit oder -unfähigkeit. Das ist letztlich das letzte *factum brutum* des ökonomischen Systems, dessen Medium Geld das einzige Medium ist, mit dem sich Formen ökonomisch ausdrücken lassen. Mit anderen Worten: Was sich nicht als Geldwert darstellen lässt, existiert nicht – zumindest nicht in dem Sinne, dass es Folgen für jene Parameter hätte, in denen sich Erfolg und Misserfolg des Wirtschaftlichen auf den Begriff bringen lassen. Der Geldverkehr, dieser mächtige, zugleich doch so blinde Systemzusammenhang, ist ein Symbol reinster Immanenz. Es gilt nur, was in ihm und durch ihn gilt. Geldwert lässt sich durch keinen anderen Wert substituieren – zumindest nicht ökonomisch. Damit ähnelt die Transaktion mit dem Medium Geld auch anderen Transaktionen, etwa Transaktionen durch sprachliches Bezeichnen.

Die poststrukturalistische Zeichentheorie etwa hat auf die radikale Immanenz allen Bezeichnens hingewiesen: das heißt auf die nicht hintergehbare Gefangenschaft allen Sprechens in der Sprache und auf die Unbenennbarkeit der Welt außerhalb von Benennungen. Um sprachlich Wirkung zu erzielen, bedarf es wieder des Sprechens, weil Sprache nichts anderes registrieren kann als Gesprochenes/Sprachliches. Sprache kann die ganze Welt ausdrücken – aber eben nur in sprachlichen Formen. Schon die Innenwelten der Sprecher kommen in ihr nur in sprachlicher Form vor. So muss man sich die radikale Immanenz der Geldwirtschaft vorstellen. Sie kann alles darstellen – aber eben nur ökonomisch. Das gilt auch für die außerökonomischen Motive ökonomischer Akteure, wenn sie gerecht, tolerant oder gar tolerabel sein wollen.

Die besondere Potenz dieser auf Geldwirtschaft und dezentrale Organisation setzenden Form des Wirtschaftens, vulgo bekannt als »Kapitalismus«, besteht – oder: bestand – wohl darin, dass Knappheitsausgleich von anderen Funktionen unabhängig gemacht werden konnte. Das Geld ist ein geschichts- und gesichtsloses Medium, weil man ihm nicht ansieht, wo es herkommt und wo es hingeht. Geld ist das vielleicht simpelste Medium, weil es wenig Interpretationsspielraum hinterlässt. Es kann harte Faktizitäten simulieren und lässt sich in alle möglichen Waren, Dienstleistungen, Erlebnisse usw. übersetzen, wenn man nur zahlen kann. Doch dabei folgt es wieder nur seiner eigenen Logik. Deshalb war dieses besonders potente Medium auch nie in der Lage, gesellschaftliche Probleme zu lösen – und war deshalb der entscheidende Kulminationspunkt für Kritik. Der Markt kann alleine keine Ordnung schaffen, er kann keine Bevölkerungen versorgen, kann nicht für Gerechtigkeit sorgen, ist nicht daran interessiert, wie Güter und Möglichkeiten distribuiert werden. All das interessiert den Markt deshalb nicht, weil sich das letztlich nicht ökonomisch im engeren Sinne darstellen lässt.

Die klassische Ökonomie und Ökonomik hatte gehofft, dass diese Immanenz des Knappheitsausgleichs den egoistischen Akteur mit einseitigen Interessen – den eigenen nämlich – mit einem Systemgleichgewicht versöhnt, das allen Akteuren einen Platz zuweist, der ihnen weitere Zahlungsfähigkeit ermöglicht, gemessen an der eigenen Leistungsfähigkeit und -bereitschaft. Aber so einfach, wie sich die klassische Ökonomie den Markt vorstellt, ist er letztlich nur in den Konsequenzen, das heißt, das, was auf dem Markt als das *factum brutum* erworbener Zahlungsfähigkeit übrig bleibt, sind die objektivierbaren geldförmigen oder geldwerten Potenziale, was übrigens stets auch die Basis der linken Kritik des Marktes war: dass am Ende, wie Marx sagte, die Magie des Geldes darin bestehe, dass nur mehr der Geldwert einer Sache von Bedeutung sei und damit Fetischcharakter bekomme.

Es ist sowohl die Potenz wie die Impotenz der kapitalistischen Wirtschaftsform, dass sich Werte auf Märkten tatsächlich nur nach diesem Kalkül bilden. Die Potenz besteht darin, dass damit ein Tool vorliegt, das auf alles anwendbar ist und zu einem universalistischen Medium wird, das alte kulturelle und traditionelle Schranken aufbrechen kann. Die Impotenz besteht darin, dass Werte nur in Geldwerten ausgedrückt werden können. Das eine ist wohl ohne das andere nicht zu haben.

Und doch reicht eine solche Beschreibung nicht aus, denn in Erweiterung klassischer ökonomischer Beschreibungen der Ökonomie können sozialwissenschaftliche Beschreibungen des Marktes wissen, dass das ökonomische System letztlich eine solche Immanenz erzeugt, dass aber die Operationen selbst nicht das System als solches beobachten können, sondern nur die anderen Marktakteure und damit den Markt als Netzwerk. Es war am deutlichsten Harrison C. White, der darauf hingewiesen hat, dass es vor allem wechselseitige Beobachtungen und Positionskämpfe von Marktteilnehmern in Märkten sind, die Kaufentscheidungen plausibel machen. In Netzwerken entstehen Informationen, Beobachtungen, Einschätzungen, Gewohnheiten, Vorurteile, Erwartungen und nicht zuletzt angemessene Beschreibungen des Marktes, der sich ja vor allem dadurch auszeichnet, dass niemand vollständige Informationen hat, weil der Markt sonst zusammenbrechen würde.

Das Merkwürdige am Wirtschaftssystem ist, dass es unerbittlich nach seiner eigenen Logik funktioniert, dass man sich aber stets seinen Reim darauf machen muss und Kategorien erfinden muss, mit ihm zu leben. Nicht umsonst war die Ausdifferenzierung eines modernen, kapitalistischen Wirtschaftssystems stets mit der Moralisierung des Ökonomischen und der Politisierung von Märkten verbunden.

Politisierung und Moralisierung von Märkten

Das Arrangement des modernen Nationalstaates westlicher Prägung lebte von der Ausdifferenzierung unterschiedlicher Logiken. Vor allem Wirtschaft und Politik haben sich in ihren Logiken und ihrer Operationsweise voneinander wegdifferenziert – und waren und sind damit geradezu schicksalhaft aufeinander bezogen. Daraus resultierten die unterschiedlichen Arrangements eher angelsächsischer, eher skandinavischer und eher kontinentaleuropäischer Prägung, was die politischen Eingriffe in die wirtschaftliche Dynamik angeht, was die Finanzierung und Refinanzierung von Staaten betrifft und wie die (wohlfahrts)staatliche Form der Distribution und Redistribution von Geldmitteln organisiert wird.

Diese Arrangements waren es, an denen sich politische Programme und Parteidifferenzen entfaltet haben – vom sozialdemokratischen/sozialistischen Vorrang sozialstaatlichen Engagements des Staates über die eher konservative Versöhnung mit sozialer Ungleichheit bis hin zur liberalen Idee, den Marktkräften selbst die Gestaltungskraft zu überlassen. Letztlich war es das schwierige Verhältnis von Politik und Wirtschaft, das dem politischen System westlicher Industriestaaten jene Konflikte geliefert hat, mit denen man Differenzen und damit Informationen erzeugen konnte. Bezugsproblem war stets die Erfahrung, dass ökonomische Dynamik nicht von selbst jene Ordnung schafft, die wiederum für ökonomische Dynamik sorgt. Politik hat solche Fragen im Medium der Macht und im Machtkreislauf mit wählendem Publikum gelöst, indem sie dem Publikum jene kollektiv bindende Stabilität angeboten hat, die es für die Etablierung von Lebensformen braucht; Ökonomie hat das mit dem unbestechlichen Geldmedium gelöst, nach dem das Bezugsproblem des handelnden Akteurs betriebswirtschaftlich, nicht volkswirtschaftlich formiert war. An dieser Differenz politischer und ökonomischer Perspektiven kommt man in einer funktional differenzierten Gesellschaft nicht vorbei – und die Differenz zwischen diesen Logiken ist es, die wir gerade in Zeiten der Euro-Krise jeden Tag in der Zeitung lesen. Man braucht keine akademischen Hauptseminare mehr, um dies vorgeführt zu bekommen, denn die kategoriale Unterschiedlichkeit dieser Logiken wird jenseits der klassischen Arrangements umso sichtbarer. Man kann das schon an der schlichten Tatsache erkennen, dass die Märkte auf jeden politischen Interventionsversuch eben ökonomisch reagieren und damit die Versuche bisweilen ad absurdum führen. Dass man etwa Angst davor hat, dass kleinere Währungsräume nach einer Zerschlagung des Euro am Finanzmarkt keinen Bestand hätten, ist eine begründete Angst, die sich auch nicht dadurch eindämmen lässt, dass man entsprechende Regulierungen in den Märkten etabliert – nicht weil man gegen Regulierungen wäre, sondern weil man wissen kann, dass sich Marktdynamiken solchen Regulierungen mit eigenen Bordmitteln entziehen. Dazu kommt noch, dass das ökonomische Geschehen global entgrenzt ist, während politische Regulierungen stets an die eigenen Geltungsräume gebunden sind. Es gibt offensichtlich eine nur schwer überwindbare Differenz zwischen guter Absicht und gewünschter Wirkung. Das Wirtschaftssystem selbst reagiert darauf mit Organisationsbildung. Unternehmen sondieren sich nicht nur gegenseitig, sondern beobachten einen netzwerkhaften Markt und das rechtliche und politische Umfeld, in dem geschieht, was geschieht. Gewerkschaften bündeln die Interessen von ökonomischen Akteuren auf Arbeitsmärkten. Branchen- und Interessenverbände simulieren gemeinsame Interessen konkurrierender Akteure. Dieses Organisationsarrangement bündelt die unterschiedlichen Perspektiven zu institutionalisierten Konflikten, macht Interessen sichtbar und erzeugt Routinen mit immer wieder ähnlichen Konfliktlösungsstrategien.

So kommt die Gesellschaft
in die Wirtschaft und in die Unternehmen!

Was hat all das mit unserem Thema zu tun? Wenn meine Beschreibung des ökonomischen Systems als eines selbstreferenziellen dynamischen, für sich letztlich blinden Zusammenhangs von Zahlungen stimmt, und wenn auch stimmt, dass Informationen, Risiken und Strategien in der Marktwirtschaft durch die netzwerkartige wechselseitige Beobachtung von Marktteilnehmern im Sinne Harrison C. Whites erfolgt, wenn weiterhin stimmt, dass die Wirtschaft zwar ein eigenständiges Funktionssystem, aber eben ein System der Gesellschaft ist, dann sind all die Diskussionen um die politische Gestaltung des Ökonomischen letztlich Ausdruck des Eindringens gesellschaftlicher Ansprüche und Notwendigkeiten in die Wirtschaft und ihre Organisationen.

Die klassischen Themen dieser Interventionen waren und sind die Frage, ob Lohnarbeit den Lohnarbeitern die Möglichkeit gibt, zu überleben, oder die Frage nach Arbeitsbedingungen, Unfallschutz, Beteiligung von Unternehmen an der Risikoabsicherung im Krankheitsfall, später die Frage nach der betrieblichen Mitbestimmung. Auf der anderen Seite, also in den Führungs- und Managementetagen, drangen gesellschaftliche Ansprüche in Form von Karriereerwartungen in die Unternehmen ein, zugleich stellte die Gesellschaft so etwas wie Leistungsmotivation, Aufstiegsorientierung und entsprechenden kulturellen Habitus zur Verfügung. »Die Gesellschaft« meint hier Ansprüche der Politik, des Rechtssystems, des Bildungssystems und nicht zuletzt von Familien. Letztlich ging es darum, unterschiedliche Perspektiven praktisch miteinander kompatibel zu machen. Das kulminiert vor allem in Organisationen, also in Unternehmen, die letztlich die unterschiedlichen Ansprüche miteinander versöhnen mussten – die der »harten« Realität des ökonomischen Algorithmus einerseits, die Ansprüche einer Gesellschaft andererseits, die jene Ressourcen wie rechtliche Erwartungssicherheit, politische Entscheidungsfähigkeit, ausgebildetes und motiviertes Personal, berufsorientierte Mentalitäten etc. bereitstellt.

Die starke Betonung von Werten in der Selbstbeschreibung von Unternehmen scheint ein neuer Fall des Eindringens gesellschaftlicher Ansprüche in die Kommunikation von Wirtschaftsunternehmen zu sein.[1] Wertekommunikation kann zweierlei: Sie schützt sich einerseits vor Kritik und produziert damit eine Bindung des Adressaten an den Sprecher, andererseits kommt sie mit hinreichender Unschärfe aus, um Informationen zu erzeugen. Die Wertekommunikation von Unternehmen ersetzt womöglich das, was man zuvor mithilfe politischer oder politisierbarer Ideologien gemacht hat. Diese erzeugen heute womöglich zu viel Informationen, schon weil sie sich nicht mehr jenen Routinen und erwartbaren Sprecherpositionen fügen wie einst. In einer Zeit, in der ehemalige Mitglieder kommunistischer Plattformen die Lösung der gegenwärtigen Wirtschaftskrise mit Begriffen aus der Tradition Alfred Müller-Armacks formulieren und in der die Frage der Refinanzierung von Staaten sowie die Frage ihrer Zahlungsfähigkeit (die zuvor gewissermaßen kriterienfrei galt) ins Wanken geraten, ist es kein Zufall, dass sich mithilfe von Wertekommunikation gerade unter Umgehung strikter Information ein Unterschied machen lässt – was ja bekanntlich die Grundlage aller Information ist.

Diese starke Konzentration auf Wertekommunikation hat das zur Folge, was ich eine Multiplikation von Sprechern nennen möchte. Plausibel ist dann nur noch, was aus der Teilnehmerperspektive plausibel ist. Die klassische Moderne hatte uns mit Debatten versorgt, in denen vor allem Chiffren von politisch-ökonomischem Zuschnitt uns mit jenen Argumenten versorgt haben, in denen es möglich war, sich sozialmoralisch zu verorten. Solche Stellungnahmen haben viel Information erzeugt, sie waren in der Lage, Alternativen zu formulieren, sie waren in der Lage, Teilnehmern so etwas wie eine Beobachterperspektive zu ermöglichen. Sie waren das, was die postmodernen Kritiker »große Erzählungen« genannt haben. Inzwischen beobachten wir eher eine Kulturalisierung von Diskursen – wenn eine Stellungnahme nur als authentische Stellungnahme vorgetragen wird, dann wird ihr ein wirksamer Geltungsanspruch zugestanden. In der Diskursethik, wie sie von Karl-Otto Apel und Jürgen Habermas in den 1970er-Jahren formuliert worden ist, ging es einmal darum, durch Promotion von Teilnehmern an Diskursen einerseits die Zahl der Sprecher, also der Teilnehmer zu erhöhen, andererseits die Zahl der guten Gründe zu verringern, denn aus einem Diskurs sollten ja nur die besseren Argumente hervorgehen. Empirisch betrachtet hat sich die Diskursethik tatsächlich durchgesetzt – man denke etwa an die Medizinethik, an Ethikkommissionen in Krankenhäusern, aber auch an die Promotion kulturell authentischer Stellungnahmen, in denen die Authentizität der Stellungnahme die eigentliche Information darstellt. Die klassische Idee der Diskursethik hat letztlich einen stabilen Kontext einer rationalisierten Lebenswelt zur Grundlage gehabt, indem man an die Kraft des Arguments geglaubt hatte – es war gewissermaßen die Welt der klassischen nationalen Öffentlichkeiten mit einigermaßen stabil angebbaren Bedingungen kommunikativer Erreichbarkeit. Durchgesetzt hat sie sich letztlich gegen ihre eigenen Intentionen – letztlich als Reaktion auf die Relativierung von Kontexten und klassischen Konfliktlinien. So erlebt etwa die authentische Rede über kulturelle Zugehörigkeit eine Renaissance, wie man etwa an der Etablierung von *cultural studies*-Studiengängen zu allen möglichen neu konstruierten Minderheiten an amerikanischen Universitäten beobachten kann; in Ethik-Gremien wie zum Beispiel klinischen Ethik-Komitees geht es weniger um die Destillation eines guten Grundes, sondern um die Etablierung authentischer Sprecher unterschiedlicher Berufsgruppen; und nicht unterschätzt werden sollte die mediale Inszenierung authentischer Zeitzeugenschaft zu historischen Ereignissen, um nur einige Beispiele zu nennen.

Diese Relativierung von Kontexten erzeugt tatsächlich symmetrische Sprecherpositionen, aber sie führt nicht zu mehr Eindeutigkeit, sondern zu mehr Anschlussfähigkeit. Damit wird all das, was einzelne Sprecher an Geltung beanspruchen, noch plausibler, aber es wird damit die Möglichkeit moralischer Eindeutigkeit erst recht unterminiert. Gesichert werden kann die Authentizität unterschiedlicher Sprecher, ohne den Preis zahlen zu müssen, dass diese Authentizität zugunsten eines fixierbaren Konsenses eingeschränkt werden muss. Im Gegenteil: Der Diskurs erhöht die Authentizität der Sprecher dadurch, dass ihre Inkommensurabilität wechselseitig anerkannt werden kann – und diese Inkommensurabilität dann selbst eine »*ethische*« Qualität annehmen kann.[2]

Unschwer ist in dieser Diagnose jene Diskursstrategie wiederzufinden, die die Moralisierung der Unternehmenskommunikation in Werteform impliziert. Sogar ausdrücklich – so habe ich oben zitiert – ist nicht entscheidend, welche Werte und Geltungsansprüche formuliert werden, solange nur welche formuliert werden. Die »Wertekommission« sagt: Die Diskussion gehe weiter, das sei der eigentliche Wert.

Doch Ideologie? Falsches Bewusstsein?

Ich bin geneigt, die Frage zu bejahen. Aber das würde eine Idee des »richtigen Bewusstseins« voraussetzen. Aber diese Eindeutigkeiten sind vorbei. Sie ließen sich sachlich nie wirklich begründen, aber man konnte sie performativ darstellen, ausgestattet mit der Verve des besseren Wissens und des besten Grundes, gehärtet mit dem Wissen darum, was eigentlich dahintersteckt – es war dies ein ganz eigener Jargon der Eigentlichkeit. Gerade die Inkommunikabilität und Unmöglichkeit eines solchen archimedischen, externen Standpunktes macht ja die Wertekommunikation heute so merkwürdig plausibel – vor allem für eine Generation, die nicht in den etablierten politischen Konfliktlagen aufgewachsen ist.

Indem Unternehmen die Möglichkeit gegeben wird, sich in dieser Weise unscharf zu beschreiben, erzeugen sie womöglich die entscheidenden Motive, Überzeugungen und Anschlussfähigkeiten einer Generation, die daran gewöhnt ist, sich authentisch darzustellen und die vormalige Verortung in großen Narrativen durch authentische Kommunikation zu ersetzen.

Vielleicht muss man auch in Rechnung stellen, wie selbstverständlich diese Generation mit ganz anderen Medienerfahrungen groß geworden ist, mit Medienerfahrungen, in denen die Personalisierung und Ästhetisierung von Themen und Problemen auf Kosten ihrer diskursiven Bearbeitung zum vorherrschenden Typus geworden ist. Es gibt immer weniger Anschlussstellen für die großen Narrative, in denen sich die Intelligenz des späten 20. Jahrhunderts angemessene Debatten vorgestellt hatte.

Dass das Private politisch sei, bekommt damit eine völlig neue Bedeutung. Es hieß einmal, dass die kleinste Lebensäußerung nur in großen Kontexten zu verstehen und zu kritisieren sei. Vielleicht ist es nun bloß umgekehrt: dass die großen Kontexte sich nur noch in kleinen Lebensäußerungen austragen und formulieren lassen. Dem Wirtschaftssystem und seiner politökonomischen Struktur mit Werten und moralischen Ansprüchen beizukommen, scheint aussichtslos zu sein, dem eigenen Selbstverständnis dagegen schon eher. Damit schrumpft in einer Gesellschaft, in der immer extremer nach der bekannten Karikatur alles mit allem zusammenhängt, der Geltungsanspruch für die erreichbare Welt auf die authentische Selbstbeschreibung von Organisationen und Personen zusammen.

Dass »gutes Wirtschaften« für eine jüngere Generation von Arbeitnehmern und Managern sich weniger in der bloßen Pflichterfüllung bürgerlicher oder dem sozialen Aufstieg verpflichteten Arbeitsethos niederschlägt, auch nicht in der fraglosen Gewinn- und Einkommensorientierung als alleinigem Kriterium des »guten Wirtschaftens«, kommt womöglich einer Generation entgegen, die sich anders verortet: authentischer eben. Gut zu wirtschaften, ist dann weniger eine ökonomische Kategorie als eine Kategorie des guten Lebens. Das zu beklagen, gehärtet mit den Kriterien dessen, was eigentlich dahintersteckt, ist einfach und liegt auch nahe – aber vielleicht sollte man diese Ansprüche an ein eigenes Leben und ihre moralische Verortung durchaus ernst nehmen. Wenn Durchgriffs- und Kritikmöglichkeiten, politische Einflussnahme und die Erreichbarkeit der »Gesellschaft« ausgeschlossen erscheinen, dann bleibt nur noch die individuelle Verortung in einer unübersichtlichen Welt. Selbst das, was einmal linke »Kritische Theorie« war, übt sich heute in der Suche nach individueller »Weltresonanz«[3] – vielleicht ersetzen dann gute Absichten gute Gründe, und vielleicht ist das auch konsequent, wenn die Gründe nur in akademischen Begründungswelten funktionieren, sich aber nicht durchsetzen können.

Es könnte also vielleicht – die Leserin und der Leser werden die Inflationierung des Vielleicht schon bemerkt haben –, es könnte also vielleicht sinnvoller sein, auf die List der Vernunft zu setzen. Vielleicht ist solche Wertekommunikation derzeit die wirkungsvollere Form, Unterbrechungen in das Geschehen einzubauen – früher hätte man vielleicht gesagt: die Sinnfrage zu stellen. Mit Unterbrechungen meine ich Folgendes: Kritik, Veränderung und Wirkmächtigkeit müssen sich gegen die dynamische Stabilität von Routinen, Selbstverständlichkeiten, Traditionen und Machtgefüge durchsetzen. Sie können dies nur, wenn sie Informationen erzeugen, deren Nichtbeachtung riskant wäre. Gewöhnt sind wir daran, dass solche Unterbrechungen in Form von guten Gründen, von politischen Ansprüchen oder von Skandalisierungen erzeugt werden. Womöglich ist der angemessene Unterbrechungsgenerator heute die Wertekommunikation, deren paradoxe Wirkung darin besteht, dass sie Information vor allem dadurch erzeugt, dass sie unscharf bleibt und damit wenig Information produziert – außer, dass Sprecher eine Position finden, in der das, was sie sagen, einen Unterschied macht. Wenigstens scheinen sie selbst einen Unterschied wahrzunehmen, denn die Differenz zwischen den moralischen Beschreibungen von Unternehmen und ihrer Praxis bleibt dieser Generation, so die empirischen Ergebnisse, nicht verborgen.

Am Ende kommt man aber wohl nicht umhin, mitanzusehen, dass solche Selbstbeschreibungen mehr verdecken als verdeutlichen. Solche Selbstbeschreibungen bieten letztlich vereinfachte Formen einer komplexen Realität an. Sie machen es Sprechern möglich, sichtbar zu werden. Sie ermöglichen es, in einer Situation, in der man wenig Wirkmächtiges sagen kann, etwas zu sagen, worin sich Sprecher einrichten können. Die moderne Gesellschaft ist so komplex, so uneindeutig, sträubt sich so sehr gegen die vereinheitlichenden Chiffren früherer wenigstens politischer Eindeutigkeiten, dass Wertekommunikation geradezu entlastend erscheint. Denn letztlich geht es doch darum, welche Wirkungen, welche Folgen und welche Lösungsmöglichkeiten sich für Strukturprobleme anbieten. All das wird durch Werte geradezu ausgeklammert – sogar unsichtbar gemacht. Wenigstens indirekt sichtbar wird aber das Unbehagen, das zu dieser Strategie führt. Wenn man schon keine guten Gründe hat und wenn es schon so etwas wie einen Durchgriff auf die Strukturprobleme nicht gibt, dann muss es wenigstens einen Ort geben, an dem man gute Absichten kommunizieren kann.

Werteorientierte Selbstbeschreibungen verdecken, dass es am Ende auf Märkten doch nur um den Markterfolg und die Marktgängigkeit geht. Wenn Ideologie einmal hieß, die wahren Verhältnisse zu verschleiern, dann ist es Ideologie. Wenn man aber sieht, dass Beschreibungen stets selektive Formen der Wiedergabe sind, stets Vereinfachungen und Beschönigungen, stets eher von ihrem Publikum abhängen als von der Sache, dann sollte man es nicht Ideologie nennen. Dann ist die Inflationierung von Werten in der ökonomischen Kommunikation eher ein Seismograf – nicht das Beben selbst. Freilich stellt sich schon die Frage, ob uns nicht mehr einfällt als Kategorien, denen man nicht widersprechen kann.

Anmerkungen

1 Vgl. Groddeck, Victoria von: *Organisationen und Werte. Formen, Funktionen, Folgen.* Wiesbaden 2011.

2 Vgl. dazu meine »Kritik der authentischen Vernunft«. In: Nassehi, Armin: *Der soziologische Diskurs der Moderne.* Frankfurt am Main 2006.

3 Vgl. Rosa, Hartmut: *Weltbeziehungen im Zeitalter der Beschleunigung. Umrisse einer neuen Gesellschaftskritik.* Berlin 2012.

Reinhard K. Sprenger
Leadershit

Gut managen – und was wir damit anrichten

Was ein guter Manager ist, weiß im Grunde jeder: Er sichert das Überleben einer Organisation. Dafür produziert und/oder vertreibt er Güter und Dienstleistungen; dabei gilt zwingend das ökonomische Prinzip. Innerhalb des gesetzlichen Rahmens ist dem nicht viel hinzuzufügen. Das aber ist manchem nicht genug: Das banale Überleben klingt ihm zu wenig ambitioniert. Um einen »guten« Manager von einem ordinären zu unterscheiden, erwartet er zum Beispiel, dass ersterer eine Eigenkapitalrendite von – sagen wir: 30 Prozent – erwirtschaftet. Um das zu leisten, muss der Manager die »richtigen« Entscheidungen treffen. So lautet die systemisch nüchterne Diktion. Danach ist ein guter Manager also jener, der die richtigen Entscheidungen trifft.

Aber auch damit ist es nicht getan – hierzulande nicht und nicht in Zeiten politischer Korrektheit, in denen das schlechte Gewissen der Normalzustand ist. Ein guter Manager muss nicht nur funktional klug betriebswirtschaften, nein, »nachhaltig« soll er das tun, »sozial verantwortlich« und »ethisch einwandfrei«. Nicht mehr Qualität hat dann ihren Preis, sondern der Grad moralischer Unbedenklichkeit. Und als Person soll er ein Modell von Tugend, Moral und Werten sein, authentisch, ein Vorbild möglichst, menschlich und fachlich gleichermaßen.

Entsprechend bemühen sich Unternehmen, das Verhalten der Führungskräfte[1] zu prägen durch Führungsleitlinien, Wertekanons und andere säkularisierte Bibeln. Die Melodie dazu: »Wir sind alle kleine Sünderlein«, Willy Millowitschs Karnevalsschlager aus den 1960er-Jahren. Nicht wenige Manager erliegen der Verführung dieser Moral-

Blähung. Sie reden mitunter, als hätten sie sich auf einen Kirchentag verirrt. Und machen weiter wie bisher – nur jetzt mit schlechtem Gewissen. Was wird da ausgeblendet? Welche Widersprüche verbergen sich hinter der Normativierungssemantik? Es ist ein Verlust von Unterscheidungen, der im Management zu beobachten ist – betrieben von jenen, die nicht selten ein gestörtes Verhältnis zum Geld und zur Funktionsweise der Wirtschaft haben: der Politik, den Medien und den Konsumenten. Vor allem aber von den Unternehmen selbst. Dies will ich an vier Forderungen illustrieren, die an »gutes Management« gestellt werden: den Forderungen nach 1. richtigen Entscheidungen, 2. vorbildlichem Verhalten, 3. authentischer Führung und 4. sozialer Verantwortung.

Richtig entscheiden –
Management als Kontingenznegation

»Für nahezu jedes Prinzip lässt sich ein genau entgegengesetztes Prinzip finden, das genauso plausibel und akzeptabel ist. Auch wenn die beiden Prinzipien zu exakt entgegengesetzten organisatorischen Empfehlungen führen, gibt es in der Theorie keinen Anhaltspunkt dafür, welche diejenige ist, die man anwenden sollte.« Der Organisationstheoretiker Herbert Simon beschrieb 1946 eine Vernunft, die die Managementpraxis bis heute nicht erreicht hat. Die Praxis nimmt Kontingenz einfach nicht zur Kenntnis. Jedenfalls nicht offiziell. Dabei weiß jede Führungskraft um die Dilemmata, aus denen es keinen gesicherten Ausweg gibt: Zentral oder dezentral organisieren? Global oder lokal? Freie Handelsvertreter oder angestellter Außendienst? Langsam und wenig ändern oder rasch und viel? Diversifizieren oder konzentrieren? Fusionieren oder aus eigener Kraft wachsen? Anweisungen befolgen oder unternehmerisch handeln? Und jeder Chef weiß auch: Dem Mitarbeiter zu dienen ist genauso berechtigt, wie ihn zu beherrschen; ihn zu unterstützen genauso, wie ihn zu sanktionieren; zu belohnen genauso, wie ihn zu bestrafen; ihn zu entlassen genauso, wie jemanden zu befördern.

Die Überfülle an Möglichkeiten und ihre Widersprüchlichkeit sind die Existenzvoraussetzung von Management. Managen ist immer Managen im Dilemma. Eben gerade *weil* es Zielkonflikte gibt, deshalb gibt es Management. Es muss täglich ein neues Gleichgewicht finden, täglich wählen, welche Alternative es in *dieser* Situation vorzieht. Das nennt man »Entscheidung«. Die Festlegung auf eine Handlungsalternative mit Blick auf eine unbekannte Zukunft. Eine Entscheidung akzeptiert mithin nicht den Lauf der Dinge, den der Mythos vom »entscheidenden« Manager als Strategie und Zielorientierung tarnt, sondern verschiebt bewusst die Verhaltensgewichte zu der bevorzugten Seite. Das tut eine Führungskraft unter der Bedingung der Unsicherheit. Gäbe es den Zweifel angesichts von Handlungsalternativen nicht, und wäre sie nicht auch im Zweifel mit sich selbst, ihrer Analysefähigkeit und den vorliegenden Daten, bräuchte sie nur den besten Effekt zu berechnen und wüsste damit schon, was zu tun wäre. Die Lösung des Problems fiele ihr wie eine reife Frucht in die Hände. Das wäre keine Entscheidung. Nur wenn es unklar ist, wohin die Reise gehen wird, wenn sie angesichts der differenten Handlungsmöglichkeiten ernsthaft im Zweifel ist, dann ist eine Entscheidung fällig.

Sie kostet Kraft. Denn die praktische Option für eine Alternative bedeutet zugleich die zu rechtfertigende Ausgrenzung der anderen, die ebenfalls plausibel erscheint (sonst wäre es ja keine Entscheidung). Man wählt nicht zwischen richtig und falsch, sondern immer zwischen verschiedenen Münzen, die alle eine Vorder- *und* eine Rückseite haben. Also erzeugt jede Entscheidung eine Ablehnung des Abgelehnten, gegen die der Manager anzugehen hat. Martin Heideggers führungskritische Trotzigkeit aus seiner Rektoratsrede 1933: »Jedes Folgen aber trägt in sich den Widerstand.« Derjenige, der diesen Widerstand fürchtet und ihm ausweicht, gilt als »entscheidungsschwach«. In vielen Unternehmen hat die Präsentation von Gesinnung und lautstarker Entschlossenheit die Entscheidung zu ersetzen begonnen. Dort ist das Vermeiden von Fehlern weitaus lohnender als eine Entscheidung in der Sache.

Eine Entscheidung kommuniziert mithin viererlei: *dass* entschieden wurde, *wer* entschieden hat, *wofür* entschieden wurde und *wogegen*. Vor allem die vierte Kommunikation hat es in sich, der explizite Verzicht auf eine Option. Sie lautet: »Wir machen es so, aber es wäre auch anders gegangen.« Mit welchem Ergebnis – besser? schlechter? – kann niemand wirklich wissen, weil die Alternative abgewählt wurde und daher ihre Folgen nicht kenntlich sind. Konsequent gedacht kann man erst *nach* einer Entscheidung wissen, was man da entschieden hat. Entscheiden heißt dann eben auch: sich schuldig machen. Entweder auf der einen oder der anderen Seite. Das ist für Führung unhintergehbar. Wer dabei unschuldig bleiben will, hat in einer Führungsaufgabe nichts zu suchen. Und niemand wurde gezwungen, Führungskraft zu werden. Dabei kann es klug sein, die Interessen des Mitarbeiters zu berücksichtigen. Ja, mehr noch: sie zu priorisieren. Aber das wird nicht immer gehen. Manchmal werden Entscheidungen getroffen, denen die Mitarbeiter die Zustimmung verweigern. Nüchtern betrachtet besteht Management daher zu großen Teilen in der permanenten Rechtfertigung zuvor getroffener Entscheidungen, Umlenkung der Aufmerksamkeit auf die gewählte Option und Besänftigung des Zweifels.

Glück gehabt

Die entscheidende Frage aber bleibt vital: Gibt es richtige Entscheidungen? Mit den Folgen mancher Entscheidungen sind wir ja glücklich – dann lautet unsere Antwort uneingeschränkt »richtig«. Manche Entscheidungen machen uns unglücklich, wir bedauern sie und nennen sie dann »falsch«. Das ist menschlich, aber nicht auf der Höhe der Komplexität, die zu bewältigen Manager bezahlt werden.

Aus zwei Gründen. *Erstens* weiß man letztlich niemals, ob eine Entscheidung »richtig« war: Es hat noch niemanden gegeben, der in einem

Paralleluniversum überprüft hätte, zu welchem Ergebnis eine andere Entscheidung geführt hätte. Vielleicht wäre man mit einer anderen Entscheidung noch erfolgreicher geworden, vielleicht aber auch noch unglücklicher.

Zweitens: Gesetzt den Fall, irgendein finanzwirtschaftlicher Parameter (Umsatzrendite, Deckungsbeitrag etc.) zeigt steil nach oben – woran liegt es? Dieser Effekt wird oft der Führung zugerechnet. Aber es muss ein Element hinzukommen, das die Managementtheorie beharrlich ignoriert, weil es dem Bild des omnipotenten Machers nicht entspricht: *Glück*. Jeder Erfolg ist angewiesen auf das Zufallsglück – mindestens aber auf das Ausbleiben des Pechs.

Es ist mithin klug, mutig zu entscheiden sowie bewusst und selbstbewusst den Reparaturaufwand gleich mitzuentscheiden, der ohnehin schon nach kurzer Zeit fällig wird. Sich also an Odo Marquard zu halten:»Wir irren uns voran.« Der Rest ist dann Fortune und die berühmte glückliche Hand, ohne die auch der Fähigste scheitert. Die kleinformatige Negation von Kontingenz durch Erfolgsrezepte, Leitlinien,»Best Practices« und bürokratische Alternativvernichtungen – das ist letztlich die Selbstabschaffung des Managements.

Vorbildlichkeit – Management als Erziehungsdenken

Kein Topos der Managementliteratur ist so stabil wie der Appell an die Vorbildfunktion der Führungskräfte. Noch im Jahre 2011 setzten Führungskräfte – befragt vom *Manager Magazin* – das»Vorbild sein« auf die Nummer eins der Kriterien, die einen guten Manager ausmachen. Ich bin nicht ganz sicher, ob da daumendrückendes Handbuchwissen nachgeplappert wurde oder sich echte Überzeugung aussprach – wie dem auch sei, ein beachtliches Phänomen.

Klar ist: Manager werden beobachtet. Sicher auch in besonders sensibler Weise. Dennoch bleibt zu fragen: Soll man bei Managern höhere Maßstäbe anlegen als bei Nicht-Managern? Fachliche? Und wenn ja –

welche? Menschliche? Auf sämtlichen Feldern des Lebens? Und: Ist es überhaupt möglich, Vorbild zu sein? Man muss klären, was mit »Vorbild« gemeint ist. Etwa dieses: Ein vorbildlicher Manager erwartet nicht von anderen, was er nicht selbst tut; er ist glaubwürdig, fachlich hervorragend und persönlich integer. Das mag als ideale Beschreibung passen – aber kann ein Manager sich durch entsprechende Handlungen zu einem solchen »Vorbild« machen, wie die vom Halbgedachten überflutete Managementliteratur massenhaft fordert? Nein, kann er nicht. Ein Manager kann *nicht* *aktiv* von sich aus bestimmen, wie ein bestimmtes Handeln von der Umwelt aufgenommen wird. Er ist abhängig vom Beobachter. Und wenn der das Etikett »Vorbild« verweigert, egal aus welchem Grunde, hat er keine Chance. Das heißt: Vorbildlichkeit ist allenfalls eine *passive* Kategorie, eine Zuschreibung. Man kann Manager daran erinnern, dass sie beobachtet werden; man kann sie nicht dazu auffordern, sich vorbildlich zu verhalten.

Aber ist die Vorbild-Idee überhaupt noch zeitgemäß? Wünschenswert für die Lebendigkeit und Langlebigkeit des Unternehmens?

Die Denkfigur »Chef als Vorbild« beruht auf dem kategorialen Irrtum, dass Vorbilder für das Erreichen der Unternehmensziele nützlich seien. Wenn man aber davon ausgeht, dass nur Selbstverantwortung, Innovation und Unternehmertum das wirtschaftliche Überleben sichern, dass, wer am Markt bestehen will, das kreative Potenzial der Mitarbeiter nutzen muss, der sollte sich fragen: Sind das die Mitarbeiter, die wir brauchen, jene, die die Nachbilder von Vorbildern sind? Mitarbeiter, die nicht kreativ sind, sondern nachahmen? Die nicht denken, sondern kopieren? Die nicht vorauslaufen, sondern hinterher?

Eine auf Vorbilder gebaute Unternehmenskultur schafft mithin Abhängigkeit und unterzuständige Mitarbeiter, die ihr Ich-Zentrum nach außerhalb verlegt haben. »Nachmachen!« denunziert die Mitarbeiter zu tumben Toren, die anders offensichtlich nicht zu mobilisieren sind. Bedenkliche Wirksamkeiten: Der Vorbild-Betrachter geht nie in die Verantwortung. Er bleibt abhängig von der Vorgabe des idealisierten anderen.»Ich mache es, nicht, weil ich es für richtig halte, sondern weil er es vormacht.« Oder:»Ich mache es nicht, wenn der andere es auch nicht macht.« Auch bei jenen, die sonst pikiert Wert auf ihre Eigenständigkeit legen:»Sollen die Vorstände das erst mal vorleben!« Gerade bei negativen Vorbildern: der Verweis auf die Nachbarabteilung, die sich ja auch nicht an die Vereinbarung hält.

Im Grunde ist dies des Pudels Kern: Die Forderung nach dem Vorbild ist das Nicht-verantwortlich-sein-Wollen.»Hannemann, geh du voran!« Ein Beispiel dafür, dass wieder erst der andere sich ändern muss, bevor ich überhaupt mich selbst in Erwägung ziehe. Das schlechte Vorbild ist nur allzu häufig ein Argument, passiv bleiben zu können. Wer selbst erlebt hat, in welches mentale Vakuum ein vorbildhöriges Unternehmen stürzt, wenn die Vorbilder straucheln oder altersbedingt ausgeschieden sind, weiß, wovon ich rede.

Wer will, dass auch Mitarbeiter in die Verantwortung gehen, der muss das Missverständnis bekämpfen, dass der Manager doch ein irgendwie besserer Mensch sei. Er ist es nicht und muss es auch nicht sein – trotz gegenteiliger Erwartung des eiligen Meinens. Führungskräfte verfügen nicht über höhere Weihen oder besondere Gnadengaben. Sie dienen als Beauftragte der Eigentümer dem Überleben des Unternehmens. Dazu brauchen sie kein quasi-theologisch begründetes Amts-Charisma. Einverstanden, es gibt Führungskräfte, die von vielen als Vorbild anerkannt werden; sie schaffen es, dass die Menschen ihnen vertrauen. Weit mehr noch werden aber Führungskräfte gebraucht, die es schaffen, dass die Menschen *sich selbst* vertrauen. Und das ist ein Unterschied!

Authentisch führen – Management als Entzivilisierungsprozess

Abschiedsessen für einen altgedienten Manager. In aufgeräumter Stimmung haben sich Mitarbeiter und Kollegen um den Tisch versammelt. Man erwartet, dass der Chef eine kleine Rede hält. Wird er die Gelegenheit nutzen, ihm einmal gründlich die Meinung zu sagen? Wird er darüber sprechen, dass viele seiner Mitarbeiter schon Jahre darauf warten, dass er endlich geht? Wird er sagen, dass sein permanentes Witzeerzählen bisweilen unerträglich war? Und wird er sagen, dass er nur wegen einiger früherer Verdienste nicht vorzeitig seinen Hut nehmen musste?

Ehrlichkeit und Authentizität gehören zu den moralischen Sehnsüchten der Gegenwart. Niemand will als verlogen, undurchsichtig, winkelzügig gelten. In vielen Texten wird den Menschen eingeredet, sie seien am glücklichsten, wenn sie authentisch seien. In einer Welt des Scheins ist es daher ein großes Kompliment, wenn man einen Menschen »authentisch« nennt. In dem Begriff mischen sich Tugenden wie Glaubwürdigkeit, Rechtschaffenheit, Aufrichtigkeit, Verlässlichkeit und das Verlangen nach Ganzheit von Person und Handeln. Es ist Treue gegen sich selbst. Für die Kulturkritiker unter den Lesern: Der Kult der Authentizität ist eine sprachsymbolisch hochbefrachtete Kompensation im Zeitalter des Reproduzierbaren und Virtuellen.

Auf den Talsohlen der Managementpraxis lautet die Frage: Ist es möglich, authentisch zu sein? Und auch da müssen wir weiterfragen: Was steckt hinter dem Wunsch nach Authentizität? Wohl dies: Die Leute wollen nicht hinters Licht geführt werden; sie möchten, dass Vordergrund und Hintergrund deckungsgleich sind; sie möchten wissen, woran sie bei ihrem Chef sind. Das ist verständlich. Aber leider nicht möglich. Und nicht einmal wünschenswert.

Zunächst gilt das, was schon zuvor beim Vorbildsein gesagt wurde: Niemand kann für sich Authentizität reklamieren. Wir alle sind abhängig vom Beobachter, der uns für authentisch hält oder nicht. Aber die logischen Schwierigkeiten wurzeln tiefer.

Denn die Authentizitätsrhetorik steckt voller *Rigorismus*. Natürlich, auf Lüge lässt sich keine Beziehung gründen; insofern bleibt Authentizität ein anzustrebender Wert. Aber Lüge ist ein enges Wort für ein weites Feld. Ist Schweigen schon Lüge? Schweigen über das, was einen anderen Menschen verletzen könnte? Dann würde wahrscheinlich jedes Familienfest ein Schlachtfest der Seelen, ein Triumph der Unbarmherzigkeit. Was ist mit dem Flunkern, das niemanden böswillig in die Irre führt? Man kann auch höflich sein, ohne direkt ein Schleimer zu sein. Und was ist mit der Notlüge? Wenn man jemanden unter Rechtfertigungsdruck setzt, wird er lügen. Das heißt, er wird die Dinge so schildern, dass er sich möglichst straffrei und makellos aus der Affäre zieht. Statt Lüge kann man sagen: sachzwangsreduzierte Ehrlichkeit. Und was ist mit strategischer Selbstdarstellung? Mit Heucheleien, Schönfärbereien, falschen Komplimenten und aufgesetzten Freundlichkeiten? Sie mögen nicht besonders sympathisch sein, aber man wird kaum ohne sie auskommen. Und das ist gut so. Man kann sie als »prosoziale Lügen« bezeichnen: die Diskretion, die man wahrt, die Höflichkeit, die man zelebriert, die Zudringlichkeit, die man meidet – all das sind zivilisatorische Errungenschaften. Und will nicht jeder sein »Gesicht wahren«?

Man sieht: Authentisch sein, die Wahrheit sagen und nichts als die Wahrheit, das taugt nicht für alle Lebenslagen. Wir nehmen Rücksicht – und erwarten sie auch. In der Politik die Diplomatie, im Alltag der Takt, der Sinn für das Indirekte. Ohne Lügen und Heuchelei wäre der soziale Umgang unerträglich. Und sind wir nicht am authentischsten in unverhüllten Ausbrüchen entfesselter, geballter Energie, etwa in der Wut? Wer noch mit Kajo Neukirchen (Metallgesellschaft) zusammengearbeitet hat, der weiß, dass dieser jeden erfolglosen Manager absolut authentisch an die Wand nagelte.

Eine Führungskraft wird eingekauft, um eine *Rolle* zu erfüllen, nicht, um »sie selbst« zu sein. Der Begriff der sozialen Rolle, den der amerikanische Ethnologe Ralph Linton 1936 einführte, entlastet das Individuum davon, sich alle Handlungen persönlich zuzurechnen und mit ihnen identisch zu sein. Man kann natürlich in bekannter Manier das Individuum dämonisieren. Es ist aber einer Rolle zuzuordnen, wenn einer als Manager in einer Weise handelt, wie er als Familienvater nicht handeln würde. Führungskräfte, die sich ihrer Verantwortung bewusst sind, verwechseln daher nicht Rolle und Person, sondern, ganz im Gegenteil, sie bekämpfen entschieden jede Moralisierung des Amtes.

Rolle und Ich müssen nicht übereinstimmen; Authentizität ist als Manager weder möglich noch nötig – und sei sie noch so sympathisch.

Wer im Geschäftsleben »Performance« will, der muss damit leben, dass Performance eben auch bedeutet: »eine Vorstellung geben«.

Um ein alltägliches Beispiel zu nennen: Es ist zweifellos wünschenswert, wenn ein Chef sich über den Erfolg eines Mitarbeiters aufrichtig freut und dem auch spontan Ausdruck verleiht. Das gilt jedoch nicht im Negativen. Der Machtaspekt, der alles Führen/Folgen kennzeichnet, lässt »authentische« Kritik aus Sicht des Mitarbeiters oft übergroß erscheinen. Wie mit einer Lupe verdoppelt er das Ablehnende, lässt es mitunter gar existenzbedrohend wachsen. Das kann für den Manager nur heißen, gleichsam eine »halbierte« Authentizität zu leben. Spontan im Positiven, zurückhaltend im Negativen. Mit Authentizitätsemphase lässt sich dieser Unterschied jedenfalls nicht einebnen.

Und noch weiter: Wollen wir wirklich dem anderen ins Herz blicken? Umgekehrt: Wollen wir wirklich, dass jede unserer Masken und Verstellungen durchsichtig wird? Und muss man stets sagen, was man voneinander hält? Dauernd irgendwelche »Feedbacks« geben, die ohnehin mehr über den Feedback-Geber aussagen als über den -Nehmer? Sind die jährlich stattfindenden Mitarbeiterbeurteilungen nicht obszön genug? Und wenn man von einem Dritten etwas über einen Zweiten erfahren hat, sollte man den Betreffenden damit konfrontieren? Weil es der »Wahrheit« dient? Können Menschen überdauern ohne das, was Ibsen »Lebenslügen« nennt?

Psychologisch gesehen ist Authentizität simpel. Man darf Jonathan Swifts scharfsinniger Bemerkung glauben, vollkommene Wahrhaftigkeit und völlige Transparenz des Denkens gehören ins Reich der Tiere. Jedes Tier ist authentisch, direkt und echt. Zum menschlichen Glück hingegen gehört die Möglichkeit, etwas anderes zu sein als man »selbst«. Etwas Besseres vielleicht, Würdevolleres, Klügeres, Eleganteres, Souveränes. Vielleicht auch nur etwas Neutrales, das auf Expressivität verzichtet. Manchmal reicht es schon, wie Dieter Zetsche von Daimler einmal sagte, »kein Arschloch zu sein«.

Zwischenruf: Vorbildlich und authentisch?

Nun kann man in vielen Schriften über »gutes Management« lesen, dass der Manager »vorbildlich« sein soll – gleichzeitig aber auch »authentisch«. Selbst wer mir in meiner Argumentation gegen beide Forderungen (und *für* mehr Selbstverantwortung und zivilisierte Umgangsformen) nicht gefolgt ist, wird vielleicht dadurch zu überzeugen sein, dass beides *zugleich* nicht von dieser Welt ist.

Die Forderung nach Vorbildlichkeit der Führung zielt auf Selbstdisziplinierung. Sie behauptet ein »Sollen« vor dem Hintergrund ausgewählter Werte. Der einzelne Manager soll sich zu diesen Werten bekennen und sein Verhalten entsprechend anpassen. Ein wesentliches Element des Vorbilddenkens ist mithin die Fähigkeit, Gefühle zu beherrschen.

Die Forderung nach Authentizität der Führung will das gerade Gegenteil. Sie zielt eben *nicht* auf Selbstdisziplinierung, sondern auf ungefilterte Ehrlichkeit. Sie will nicht rollenadäquate Verstellungskunst, sie will Echtheit. Es geht darum, »zu denken, was man sagt, und zu sagen, was man denkt«. Mit Verlaub – einem solchen Menschen möchte ich ungerne begegnen.

Soziale Verantwortung – Leerer Begriff ohne Furcht

Wenden wir uns einer vierten Forderung an »gutes Management« zu – der nach der sozialen Verantwortung des Unternehmens. Darf man sie mit Wirklichkeitssinn fordern? Ja, meinen viele und besonders prominent naturtrübe Kreise, für die allein die gute Absicht zählt. »Sozial« heiße jene Verantwortung, die (ich zitiere einen einflussreichen Ethiker) »weder rechtlichen noch unternehmerischen Charakter« habe und trotzdem mit der »generellen Funktion des Unternehmens« eng verbunden sei. Vorgeschlagen werden Spenden, Sponsoring, Unterstützung bürgerschaftlichen Engagements, Zusammenarbeit mit gemeinnützigen Organisationen, Überlassung von Einrichtungen und Geräten, die plakative Respektierung der Menschenrechte. Dieser bunte Strauß mag sympathisch wirken, er dient, *horribile dictu*, letztlich dem Wettbewerbsvorteil: Kunden reagieren mit moralischem Konsum, potenzielle Nachfrager auf den Personalmärkten mit Bewerbungen, Aktien mit einem Premium. Aber ist das etwas anderes als »unternehmerische Verantwortung«? Da ist kein qualitativer Sprung erkennbar, der ein »Andersmachen« mit Blick auf soziale Belange nahelegte. Deshalb haben Unternehmen immer schon so gehandelt. Nun wird es lediglich unter »Corporate Citizenship« offen ausgewiesen als unternehmenskulturelle Sättigungsbeilage.

Soll die »soziale Verantwortung« nicht ein leerer Begriff bleiben, dann wäre doch die entscheidende Frage: Bin ich als Manager bereit, betriebswirtschaftliche Nachteile in Kauf zu nehmen, um einer genuin sozialen Verantwortung zu entsprechen? Wer eine unterscheidbare Sonderstellung dieses Wertes reklamiert, der muss fordern (und das ist mein Argument), auf Möglichkeiten des Geldverdienens zu verzichten. Der darf nicht auf verdeckte andere Werte zielen, das heißt, nicht über Umwege doch wieder die Profitabilität erhöhen wollen. Das kann – übergangsweise – auch nur ein unternehmergeführtes Unternehmen tun; ein Unternehmer kann und darf sein eigenes Geld verbrennen. Ein Manager darf das nicht. Er verwaltet das Geld anderer Leute; es wäre kalte Enteignung. Langfristig aber zählt für Unternehmer wie für Manager der kalkulierbare Moralertrag.

Aber selbst wenn wir Adam Riese für kurze Zeit aus dem Amt jagten – wäre die von so vielen gewünschte »soziale Verantwortung« in den Konsequenzen tatsächlich sozial? Als Beispiel mag ein Unternehmen gelten, das in Zeiten knapper Lehrstellen doppelt so viel Ausbildungsplätze als andere Unternehmen anbietet. Ausbildung wofür? Für die nunmehr Ausgebildeten, die anschließend niemand will? Nein, wenn die Absatzmärkte da sind, werden Unternehmen einstellen. Und wenn die Personalmärkte leer sind, werden Unternehmen ausbilden. Dann gibt es auch realistische Chancen, dass wir den Menschen Arbeitsplätze anbieten können. Sonst produzieren wir nur weitere Wartehallen voller Ausgebildeter, die, weil sie keine »ausbildungsadäquate« Beschäftigung finden, nunmehr vom Steuerzahler subventioniert werden.

Ich will es an dieser Stelle wiederholen: Unternehmen sind Veranstaltungen zur Erzeugung und zum Vertrieb von Gütern und Dienstleistungen; dabei gilt zwingend das ökonomische Prinzip. Ein Unternehmen kann mithin nur auf *indirekte* Weise sozial wirken: Wenn es gute Produkte und Dienstleistungen anbietet – und zwar zu fairen, das heißt marktgebildeten Preisen. Es hat nicht einmal die Aufgabe, Arbeitsplätze zur Verfügung zu stellen. Oder sind Arbeitsplätze in Deutschland sozialer als in Tschechien? Es bleibt also bei der unternehmerischen Verantwortung innerhalb des rechtlichen Rahmens. Und langfristig haben sich Ökonomie und Soziales noch immer als Bündnispartner erwiesen. Wer dieses Bündnis unterstützen möchte, der muss die Unternehmen nur konsequent durch seinen Konsum beziehungsweise Nicht-Konsum lenken. Dann wird die unternehmerische Verantwortung der Unternehmen reagieren – nicht die soziale! Wer aber als Fahrer einer bestimmten Automobil-Baureihe auch nach zig Werkstattbesuchen seiner Marke treu bleibt, dem ist nicht zu helfen. Und wer sein Konto bei einer Bank hat, die das Geld ihrer Eigentümer verbrennt und dennoch Boni in Millionenhöhe an ihre Mitarbeiter zahlt, weil sie praktisch eine Staatsgarantie hat, verspielt sein Empörungsrecht. Der suhlt sich ohnehin lieber in unternehmensethischen Selbstberuhigungsprogrammen, die konsequenzlos dazu auffordern, dass *andere* sich ändern müssen.

Es gibt nur erfolgreiches und nichterfolgreiches Management

Ich will das bisher Gesagte auf den Punkt bringen: Es gibt kein »gutes« Management; es gibt nur »erfolgreiches« Management – oder eben »nichterfolgreiches«. Es gibt auch keine »Managerpersönlichkeit«, die

Merkmale aufweist, die gleichsam »automatisch« die Mitarbeiter energetisieren. Im Gegenteil: Beim »Evergreen Project« (2009), bei dem unter Leitung von Nitin Nohria 220 Erfolgsfaktoren des Managements bei 160 Unternehmen zehn Jahre lang beobachtet wurden, lautete das Ergebnis: Es besteht *kein* nachweisbarer Zusammenhang zwischen Persönlichkeitsmerkmalen der Topmanager und dem wirtschaftlichen Erfolg der Unternehmen. Es ist irrelevant, ob der Geschäftsführer charismatisch, bescheiden, visionär, technokratisch, selbstsicher, zurückhaltend, vorbildlich oder authentisch ist. Und das entspricht exakt meiner Erfahrung. Die erfolgreichen Führungskräfte, denen ich im Laufe der Zeit begegnet bin, haben auf mich zum Teil extrem unterschiedlich gewirkt: Vom leise sprechenden Schöngeist über primitive Protze bis zum eloquenten Souverän war alles dabei. Nur wenige von ihnen würde ich als charismatisch bezeichnen. Ob sie als Vorbilder galten, war für mich unerheblich, und glücklicherweise verhielten sie sich (jedenfalls mir gegenüber) *nicht* authentisch. Die meisten waren ganz normale Menschen mit vielleicht leicht überdurchschnittlichem Selbstbewusstsein.

Mehr noch: Ich machte manchmal die irritierende Erfahrung, dass Manager, die keine Ansprüche an »gute« Führung hatten, teilweise ausgesprochen erfolgreich waren: Die Ergebnisse stimmten, die Atmosphäre zwischen den Menschen stimmte. Weit erstaunlicher noch: Eine Führungskraft, die geradezu einem Modellheft der Managementliteratur entsprungen schien, scheiterte unter optimalen Bedingungen. Wer immer das zu erklären versucht, spekuliert nur. Aber man sieht: Mit Handbuchweisheiten um sich zu werfen oder gedankenvoll nickend hochimpressionistische Urteile über »gute Führung« auszutauschen, ist wenig hilfreich.

Ich werde oft gefragt: Brauchen wir nicht dennoch ein gemeinsames Führungsverständnis? Gegenfrage: Wie soll das aussehen? Was soll das sein? Beschreiben Sie mir einen *Unterschied*, an dem man das für alle sichtbar illustrieren kann! Sollten wir nicht vielmehr jedem – innerhalb des legalen Rahmens! – die *Freiheit* geben, seinen eigenen

Weg zu gehen? Sollten wir nicht aushalten, dass es unterschiedliche Wege zum Führungserfolg gibt? Dass es kein gesichertes Wissen gibt über den ursächlichen Zusammenhang von Führungserfolg und einem bestimmten Führungsverhalten? Und dass es jedem freisteht, ein bestimmtes Bild von »guter Führung« zu entwerfen, er aber – nach allem, was wir wissen – keineswegs sicher sein kann, dass sie auch erfolgreich ist? Dass wir besser beraten sind, anstatt Wirklichkeiten zu normativieren, Möglichkeiten zu verwirklichen? Und dass wir auf eine direkte Einflussnahme verzichten sollten? Vielmehr Hindernisse aus dem Weg räumen, die Erfolg verhindern?

Gute Führung gibt es ohnehin nur im Knast.

Anmerkungen

1 Ich differenziere nicht zwischen Management und Führung.

Christina von Braun
Wir zahlen alle den Preis des Geldes
Auf der Suche nach einer
neuen ökonomischen Rationalität

Wir leben in einer Zeit der Finanzkrisen, der Eurokrisen, in denen die Spekulationsgewinne einiger für viele Millionen Menschen den Verlust des Arbeitsplatzes oder der Behausung bedeuten. Das ist in den letzten drei Jahren wiederholt thematisiert worden. Bisher wenig thematisiert wurde die Tatsache, dass der Schaden nicht nur »die anderen«, sondern auch die Spekulanten trifft. Denn auch ihre Gewinne lösen sich in Luft auf, wenn ihr Geld nichts mehr wert ist. Warum das so ist, zeigt ein Blick in die Geschichte des Geldes.

Geld als soziales Netz

Geld ist mehr als Wertmesser, Zahlungsmittel, Wertaufbewahrungsmittel, Tauschmittel – es ist ein soziales Bindemittel, das Gemeinschaften zerstören oder auch erzeugen kann. In dieser Hinsicht übernahm es viele Eigenschaften aus den Gemeinschaften, die nach dem Gesetz der zeremoniellen Gabe funktionieren. In diesen konstituiert die Gabe das soziale Band: Jede Gabe muss durch eine andere erwidert werden. Geschieht dies nicht oder wird gar die Annahme verweigert, kommt dies einer Kriegserklärung gleich. Bei der Gabe geht es nicht um irgendeinen Wert, vielmehr, so Marcel Mauss, gibt man sich selbst, »und zwar darum, weil man sich selbst – sich und seine Besitztümer – den anderen ›schuldet‹«.[1] Diese Implikation des Gebers in die gegebene Sache, so Marcel Hénaff, ist nicht metaphorisch gemeint: »Das ganze Netz der Leistungen besteht darin, daß jeder *anderswo* etwas von sich riskiert und *bei sich* etwas von dem anderen erhält.«[2] Das Beziehungsgeflecht, das durch die Gabe etabliert wird, erreicht seine größte Verdichtung im Austausch der Frauen: der höchsten Gabe, die eine Gruppe vom »Eigenen« zu geben vermag. Der Anthropologe Claude Lévi-Strauss hat den Gabentausch von Marcel Mauss in diesem Sinne weiterentwickelt und schlug vor, in der Exogamie den zentralen Teil des Gabentausches zu sehen.[3] Dass Frauen in den Gabentausch einbezogen werden, bedeutet *nicht*, dass sie zur »Ware« werden, die »zwischen Männern« getauscht wird, wie manche Autoren Lévi-Strauss interpretiert haben. Denn erstens werden sie nicht zwischen Männern, sondern zwischen Gemeinschaften getauscht, denen auch Frauen angehören; und zweitens bedeutet dieser Tausch, dass sie das wichtigste Band des sozialen Netzwerks bilden. Da die Gabe einen Teil des Selbst darstellt, ist sie auch als »Substitut des Lebens« zu verstehen, womit nicht nur die biologische Tatsache Leben gemeint ist, sondern auch das Leben (die Kontinuität) der Gemeinschaft: »Dieses Geld [gemeint ist das Brautgeld] und diese Güter sind das Pfand dafür, daß der Gebergruppe zu gegebener Zeit eine andere Gattin zurückgegeben wird.«[4] Mit dieser Bezahlung, so schreibt Lewis Hyde in seinem Buch *Die Gabe*, ist der künftige Kinderreichtum gemeint.[5]

Für den französischen Ökonomen André Orléan ist es evident, dass das Geld in den modernen Gesellschaften ein ähnliches Netzwerk konstituiert: Es ist Kernbedingung sozialer Kohäsion. Das Geld sei »ein öffentliches Gut, das an das Sakrale stößt, wie der soziale Glauben, auf dem es beruht, zeigt«.[6] Geld zu haben heiße, bei der Gemeinschaft über einen Kredit zu verfügen. Denn im Geld ist die Gesellschaft selbst gegenwärtig: »Wenn das Geld spricht, das heißt sichtbar wird, geschieht dies nie in der Sprache der Ökonomie, sondern immer in der des Souveräns.«[7] Seine Sprache kann ebenso gut im Gesetzbuch zum Ausdruck kommen (das dem Staat die Emission vorbehält und dem Einzelnen verbietet, Geld zu drucken) wie im Spruch auf den amerikanischen Dollarnoten: »In God we trust«. Kurz, das Geld erhält seine Glaubwürdigkeit durch die Anrufung des Glaubens an die Gemeinschaft.[8]

Diese Glaubensanrufung geht über die Lebenszeit des Einzelnen hinaus. Im Rentensystem zum Beispiel verbindet es die aufeinanderfolgenden Generationen miteinander. Wenn Menschen in eine Rentenkasse einzahlen, so Orléan, tun sie es in der Erwartung, dass das Geld auch dann, wenn sie selber das Rentenalter erreicht haben, noch etwas wert sein wird. Er schließt daraus: »Was die Bereitschaft, Geld anzunehmen, motiviert, ist der Glaube, dass auch die künftige Generation dieses Geld akzeptieren wird – und so weiter über viele Generationen.«[9] Man solle, so sagt er, das Verhältnis von Individuum und Gemeinschaft auf der Ebene einer »Lebensschuld« denken, deren Medium das Geld ist. Das »finanzielle Band ist konstitutiv für die menschliche Gemeinschaft«, denn es ermöglicht den Menschen, »die Lebensschuld abzutragen«.[10]

Diese – auf dem Glauben an die Gemeinschaft beruhende – Funktion des Geldes widerspricht freilich dem Grundgedanken der freien Marktwirtschaft, in deren Zentrum das Individuum steht. Tatsächlich kann Geld nur dann seine Aufgabe als soziales Band erfüllen, »wenn die Gemeinschaft als außerhalb der Individuen stehend gedacht wird«,[11] so wie in der Gesellschaft der Gabe die Gemeinschaft dem Individuum übergeordnet ist. Der individuelle Tod wird durch die Fortdauer der Gemeinschaft überwunden. Eben diese Funktion erfüllt das Geld in den modernen Gesellschaften: Es bindet eine Generation an die nächste. »Das Geld wird gebraucht, weil Menschen sterben.«[12] Darauf beruht wiederum seine Glaubwürdigkeit: Das Vertrauen ist die Kehrseite der Gewalt, die der sterbliche Mensch erfährt.[13] Durch das Geld entsteht so »eine Kette des Glaubens«, die einerseits der Nation ähnelt, der nicht nur die Lebenden, sondern auch die Verstorbenen und die noch nicht Geborenen angehören. Andererseits werden die Mitglieder der Gemeinschaft aber auch auf ähnliche Weise miteinander verbunden wie in der Gesellschaft der zeremoniellen Gabe mit ihrem Frauentausch: durch das Prinzip der Generativität.

Nur so lässt sich auch begreifen, warum Geld immer wieder mit Blut verglichen wird. Blut ist das wichtigste Symbol in der Logik der zeremoniellen Gabe. Sowohl beim Tausch von Frauen als auch bei der Blutrache symbolisiert es Leben; es bezieht sich auf »eine Gesamtheit von Personen und Gütern, Kräften und Werten, Glaubensvorstellungen und Riten, die die Einheit und den Zusammenhalt der Gruppe begründen«. Es ist »Symbol der Vereinigung und Kontinuität der Sippe und der Generationen«.[14] Diese Symbolik wurde von der Geldwirtschaft aufgegriffen und ließ das Kapital zum »roten Blut« der Gemeinschaft werden. So etwa wenn Thomas Hobbes im *Leviathan* den Kreislauf des Geldes in der Volkswirtschaft mit dem Blutkreislauf im menschlichen Körper vergleicht: »Insofern ist diese Verarbeitung gewissermaßen der Blutkreislauf des Staates.«[15] Für ihn ersetzt der »Blutkreislauf des Staates« den Herrscher selbst, der noch im Mittelalter mit seinem unsterblichen politischen Körper die Gemeinschaft repräsentierte.[16] Hobbes, der das Modell einer konstitutionellen Monarchie schuf, ersetzt den König durch den Staat: ein Sozialkörper, dessen Lebenssaft aus Geld besteht. Die Macht des Symbols Blut für die moderne Geldwirtschaft ist nur vor dem Hintergrund seiner langen Geschichte und Symbolik im zeremoniellen Tausch zu verstehen. Einerseits will sich das abstrakte Geld im Leben verankern: sowohl im biologischen Leben des Einzelnen als auch im Leben der Gemeinschaft, die als ein Sozial*körper* verstanden wird.[17] Andererseits betont es mit der Metapher des zirkulierenden Blutes aber auch die eigene Funktion für den Zusammenhalt der Gemeinschaft.

Geld und Opferkult

Die Nähe von Blut und Geld hängt auch mit dem Ursprung des Geldes aus dem Opferkult zusammen. Grob gesagt, gibt es drei Möglichkeiten, den Wert von Geld zu beglaubigen – und alle drei bestimmten von Anfang an über die Geschichte des Geldes: Erstens wird Geld durch materielle Werte (Grund und Boden, Waren, Dienstleistungen, Edelmetalle etc.) gedeckt. Zweitens verleiht der Stempel des Souveräns einer Währung ihre Glaubwürdigkeit. Drittens wurde Geld durch das im Tempel erbrachte Opfer beglaubigt: Das Wort »gelt« heißt ursprünglich »Götteropfer«, und die erste Münze Griechenlands hieß »obolós«. Das bedeutet Bratenspieß und verwies auf das Instrument, mit dem die Mitglieder der Gemeinschaft am Opfermahl teilnahmen. Vom Wort »obolós« leitet sich der Obolus in der Kirche ab. Das wichtigste Opfertier war der Stier, der Kraft und männliche Potenz symbolisierte. Die Tempel, in denen er geopfert wurde, waren die Kultstätten antiker Fruchtbarkeitsgöttinnen wie Artemis, Diana oder Hera, die durch das Opfer von »Männlichkeit« dazu angeregt werden sollten, Fruchtbarkeit zu verbreiten. In denselben Tempeln befanden sich dann auch die ersten Prägestätten. Geprägt wurden Münzen, auf denen Stierhörner, Opferwerkzeuge oder Fruchtbarkeitssymbole an den Opfervorgang erinnern sollten. Die Gottheiten sorgten so dafür, dass auch das Geld »Sprösslinge« hatte und sich vermehrte.

Historisch haben die beiden ersten Formen der Gelddeckung ihre Glaubwürdigkeit allmählich eingebüßt: Materielle Werte wie Waren und Dienstleistungen entsprechen heute nur noch einem Bruchteil des zirkulierenden Kapitals; mit dem Verlassen des Goldstandards wurde auch die letzte (und nur symbolische) materielle Deckung des Geldes aufgegeben. Ebenso versagte auch der Souverän als Beglaubiger des Geldes.

Wiederholt haben Regierungen ihre Macht, nationale Währungen zu garantieren, dazu missbraucht, sich durch Inflationen oder gar regelrechte Fälschungen zu bereichern. Diese Möglichkeiten nahmen durch den allmählichen Abstraktionsprozess, den das Geld durchlief, noch zu: Von der Münze über Papiergeld zum elektronischen Zeichen wuchs einerseits das Vermehrungspotenzial des Geldes. Andererseits wuchs aber auch der Bedarf nach anderen Formen der Deckung. So verwundert es nicht, dass die sakrale Beglaubigung des Geldes durch das Opfer historisch immer mehr in den Vordergrund trat – ganz besonders als mit der endgültigen Ablösung vom Goldstandard die Geburtsstunde des Finanzkapitalismus kam.

Dass die sakrale Beglaubigung des Geldes als die sicherste gilt, erklärt, warum die Bankhäuser und Börsen der Moderne griechischen Tempeln nachgebildet sind, warum unser ökonomisches Vokabular von Begriffen aus der Landwirtschaft wie »Blüte«, »Wachstum«, »Zyklus« durchsetzt ist – und es erklärt auch die Tatsache, dass die meisten Geldzeichen der Industrieländer mit zwei Strichen versehen sind. Laut Alfred Kallir sind die beiden Striche im Dollar ($), dem englischen Pfund (£) und neuerdings auch dem Euro (€) Relikte der Stierhörner.[18] Sie sollen an das ursprüngliche Stieropfer, aus dem das Geld seine Deckung bezog, erinnern. Die zwei Striche wurden auch vom japanischen Yen (¥) und dem chinesischen Yuan (¥) übernommen, obgleich die japanische wie die chinesische Geldgeschichte auf ganz anderen Traditionen beruhen. Das heißt, gerade Länder, in denen der Finanzkapitalismus am tiefsten auf die Ökonomie einwirkt, beziehen die Deckung ihrer Währungen aus dem sakralen Opferkult.

Bedenkt man nun, dass das im Tempel geopferte Tier symbolisch für den Menschen steht – wie bei der zeremoniellen Gabe von Mensch zu Mensch gilt es, beim Tauschgeschäft mit der Gottheit etwas »vom Selbst« zu geben –, so begreift man, warum heute so viele Menschen für den Wert des Geldes einzustehen haben: durch ihren symbolischen oder sozialen Tod.

Der Finanzkapitalismus kennt zwei Arten von Dienstleistungen gegenüber dem Geld: Auf der einen Seite stehen Menschen, die dem Vermehrungstrieb des Geldes dienen; auf der anderen jene, die für die Glaubwürdigkeit der Währungen einzustehen haben – und diese »Arbeitsteilung« findet in den immer größer werdenden Einkommensunterschieden ihren Ausdruck. In den letzten zehn bis 15 Jahren waren bei den Mitgliedern der Finanzbranche die höchsten Einkommenszuwächse zu verzeichnen, während die Einkommen der untersten Einkommensschichten stagnierten, zurückgingen – oder Menschen sogar ganz aus der Ökonomie herausfielen. Als die Deutsche

Bank im Februar 2005, trotz Rekordergebnissen, die Streichung von 6400 Stellen verkündete, verteidigte Arbeitgeberpräsident Dieter Hundt die Entscheidung mit dem Argument, dass die »ausreichende Gewinnerzielung« eines Unternehmens Voraussetzung sei, »um der sozialen Verantwortung gerecht zu werden«.[19] In Wahrheit waren es aber die Entlassenen, denen die soziale Verantwortung aufgebürdet wurde. Sie hatten mit ihrer Existenz für den Wert des Geldes einzustehen.

Auch bei Konkursen zahlen Menschen den Preis des Geldes. Beim Zusammenbruch von Enron lag die geschätzte Verschuldung bei 64 Milliarden Dollar. Es war das siebtgrößte Unternehmen der USA.[20] 5000 Menschen verloren ihren Job, das Altersruhegeld von Tausenden von Mitarbeitern löste sich in nichts auf. Kurz vor dem Konkurs hatte der Konzern seine eigenen Compliance-Regeln abgeschafft.[21] Die Tatsache, dass die Aktien eines Unternehmens steigen, sobald es ihm gelingt, die Zahl der Arbeitnehmer zu reduzieren, wird zumeist mit der wirtschaftlichen Logik der Rationalisierung erklärt. Aber sie entspricht der Logik einer Ökonomie, die danach verlangt, den Wert des Geldes durch das sakrale Opfer zu garantieren. Damit alle ans Geld glauben können, müssen einige dran glauben. Und je höher die Summen sind, die es zu beglaubigen gilt, desto größer wird der Bedarf nach menschlichen Opfern.

In den USA verdient heute ein Vorstandschef etwa das 400-Fache des normalen Arbeitnehmers, manchmal mehr. Vor einigen Jahrzehnten lag das Niveau beim 40-Fachen, was auch nicht schlecht war. Ende des 19. Jahrhunderts hatte der Gründer der Bank Morgan Stanley, John Pierpoint Morgan, noch bestimmt, dass der Bestbezahlte einer Firma nicht mehr als das 20-Fache des Geringstverdienenden erhalten darf. Als John P. Morgan diese Regelung aufstellte, hing das Geld noch am Tropf des Goldstandards. Inzwischen wird es nur noch durch Menschenleben beglaubigt. Und viele von denen, die mit dem Geld handeln, haben Angst davor, dass ihnen jene, die das Geld – mit ihrem Leben – beglaubigen, ausgehen könnten. Sie verweigern Sozialprogramme und Bildungsausgaben, weil jedes und jede von ihnen den

Vorrat an Beglaubigern reduzieren könnte. Dafür sind sie sogar bereit, auf eine ökonomische Rationalität zu verzichten, die ihnen selbst zugutekäme. Karl Marx dachte nicht in Kategorien des sakralen Opfers. Seine Unternehmer brauchten eher die lebendigen Körper der »Geldlosen«.[22] Im Finanzkapitalismus ist das anders. Er bedarf der Geldlosen, damit das Kapital seinen Wert nicht verliert. In dieser Konstruktion liegt der entscheidende Unterschied zum Industriekapitalismus des 19. Jahrhunderts. Für Marx war die Wertsteigerung des Kapitals der Arbeit von vielen Menschen geschuldet, die am Gewinn nicht beteiligt wurden. Während auf der einen Seite die Kathedralen des Industrialismus wuchsen, sank auf der anderen Seite das Einkommen der Arbeiter, die vom rasch steigenden Reichtum der Gesellschaft ausgeschlossen waren. Das drückte sich in Deutschland im Absinken der Reallöhne aus, während zugleich Eisenbahnen gebaut und riesige Stahlimperien entstanden.[23] Im England des Frühkapitalismus war der Preis, den die Arbeiterklasse zu zahlen hatte, noch höher.[24] In einem unregulierten Finanzkapitalismus gilt eine andere Logik: Hier geht es nicht um die *Ausbeutung* der Arbeitnehmer, sondern um die *Aussonderung* von Menschen, die zum »Rohstoff« gemacht werden, der das Kapital beglaubigen soll. Das Absinken der Reallöhne dient der Herstellung einer Reservearmee von Menschen, die für die Glaubwürdigkeit des Geldes herhalten müssen.

Geld ermöglicht soziale Mobilität: von unten nach oben. Es hat aus Randständigen Eliten gemacht, Menschen aus der Leibeigenschaft befreit und die unüberwindlich scheinenden sozialen Barrieren des Feudalismus aufgebrochen. Aber das Geld ermöglicht auch soziale Mobilität nach unten. Das galt schon für die Antike, wo es – noch unterhalb der Klasse der Sklaven – die total Verworfenen und Randständigen gab, die *abjectissimi*: Bettler, Witwen, Waisen, Kranke und Alte. Sie waren die »sozial Toten«. Heute, so hat Zygmunt Bauman in seinem Buch *Verworfenes Leben. Die Ausgegrenzten der Moderne* an Beispielen wie dem Enron-Skandal gezeigt, vollziehen sich ähnliche Prozesse der

Verwerfung. Aber anders als in der Antike hat diese soziale Mobilität nichts Klassenspezifisches – sie kann jeden und ganz plötzlich treffen. In der vernetzten Gesellschaft, so Manuel Castells, »können einzelne Kapitale boomen oder zusammenbrechen, was über das Schicksal von Konzernen, privaten Ersparnissen, nationalen Währungen und regionalen Wirtschaftszusammenhängen entscheidet. Das Endergebnis ist gleich null: Die Verlierer zahlen für die Gewinner. Aber wer Gewinner oder Verlierer sind, wechselt jährlich, monatlich, täglich, sekündlich und dringt hinunter in die Welt der Unternehmen, Arbeitsplätze, Gehälter, Steuern und öffentlichen Dienstleistungen – in die Welt dessen, was manchmal als reale Wirtschaft bezeichnet wird und was ich versucht bin, unwirkliche Wirtschaft zu nennen, weil im Zeitalter des vernetzten Kapitalismus die grundlegende Wirklichkeit, wo Geld gewonnen und verloren, investiert oder gespart wird, die Finanzsphäre ist.«[25]

Inzwischen kommt es immer häufiger vor, dass einer, der bis dahin dem Vermehrungstrieb des Geldes diente, in das andere Lager wechseln muss und nun für die Beglaubigung herzuhalten hat. Als Folge der Finanzkrise von 2008 verloren auch Menschen aus der Mittelklasse, zahlreiche US-Akademiker und -Angestellte ihre Altersversorgung, die in Fonds angelegt war. Die Retirement Funds gehörten überhaupt zu den größten Verlierern der Krise; insgesamt wurden die Ersparnisse der Amerikaner um ein Drittel entwertet.[26] Die Pensionsfonds, die seit Jahrzehnten zu den weltweit größten Anlegern gehören, garantierten früher feste Renten. Stattdessen verlangen sie nun feste Einzahlungen. Die Höhe der ausgezahlten Rente bleibt offen. »Wenn die Empfänger Glück haben, gehen sie während eines Booms in Rente, mit Pech aber während einer Baisse. Auf jeden Fall hängt davon ihre Rente für den Rest ihres Lebens ab.« Während das Risiko auf die Schultern der Rentner verlegt wurde, forderten die Aktionäre, »als Prinzipale des Fonds, garantierte Gewinne«.[27] Manche Wirtschaftsunternehmen, darunter Lehman Brothers, bezahlten ihre Mitarbeiter mit Bonds der eigenen Firma. Als es zur Pleite kam, verloren diese nicht nur ihren Arbeitsplatz, sondern auch ihre Ersparnisse, und ihre Altersversorgung löste sich in Luft auf. Bei einigen Firmen galt (und gilt) die Verweigerung dieser Form von Entlohnung als Kündigungsgrund. Mit anderen Worten: Die Gefahr, zu den Beglaubigern des Geldes zu werden, hat inzwischen auch soziale Schichten erreicht, die sich bisher noch als die Agenten der Geldvermehrung verstehen durften: Nun müssen auch sie für die Glaubwürdigkeit des Geldes herhalten.

Die Folgen dieser Entwicklung hat der Bielefelder Pädagoge Wilhelm Heitmeyer in seiner Langzeitbeobachtung *Deutsche Zustände* verfolgt.[28] Er konstatiert »Desintegrations- und Abwertungsprozesse«. Der Anteil der Deutschen, die glauben, benachteiligt zu sein, habe sich vergrößert; allgemein wuchs das Gefühl politischer Machtlosigkeit. »Menschen verlieren sukzessive die Kontrolle über das eigene Leben«, mit dem Erfolg, dass sie nach Sündenböcken suchen. Ihre Aggressionen richteten sich abstrakt gegen Banker und Amerika, emotional jedoch gegen Ausländer und Muslime. Sie berufen sich auf Gerechtigkeitsprinzipien, lassen diese aber nicht für die anderen gelten. »Gerade wer an die prinzipielle Gerechtigkeit der Welt glaubt, neigt, falls dieser Glauben erschüttert wird, zur Abwertung der Opfer und dem Vorwurf, sie hätten ihre Probleme selbst verschuldet.«[29]

Auch in anderer Hinsicht fordert der Finanzkapitalismus seinen Preis von der sozialen Mittelschicht, die, laut einer Studie des Deutschen Instituts für Wirtschaftsforschung von Juni 2010, in den letzten zehn Jahren schrumpfte. Dazu schreiben die Experten: »Die Polarisierung der Einkommen kann die soziale Kohäsion gefährden, da die stabilisierende Wirkung einer breiten Mittelschicht nachlässt« – mit der Folge einer »Statuspanik«, das heißt der Tendenz, »eine andere Bevölkerungsgruppe für diesen Status-Verlust verantwortlich zu machen und so zur Ausbreitung von diskriminierenden Einstellungen (wie Ausländerfeindlichkeit und Fremdenhass) beizutragen.«[30]

Hinter der Angst vor dem Statusverlust steht die ganz tief sitzende Furcht, auf die andere Seite des sakralen Opferkults zu geraten. Im letzten Jahrhundert hat der französische Schriftsteller Georges Bataille die Angst der Reichen vor den Armen als eine Angst vor dem Tod beschrieben. »Das Grauen, das die Reichen vor den Arbeitern empfinden, die Panik, die Kleinbürger bei der Vorstellung ergreift, in die Lage der Arbeiter zu geraten, beruhen darauf, dass die Armen in ihren Augen stärker als sie selbst unter der Peitsche des Todes stehen. Bisweilen mehr als der Tod selbst, sind diese trüben Spuren des Schmutzes, der Ohnmacht, des Verderbens, die auf ihn zugleiten, Gegenstand unseres Abscheus.«[31] Der deregulierte Finanzkapitalismus errichtet eine ähnliche Barriere: zwischen Leben und symbolischem Tod. Damit ist aber auch die ureigenste Funktion des Geldes gefährdet: seine Funktion als Medium der sozialen Kohäsion, auf der jede Gemeinschaft beruht.

Geld und soziale Gerechtigkeit

Bedarf es größerer Deutlichkeit, warum das moderne Geld für seine Deckung auf soziale Gerechtigkeit angewiesen ist? Sie ist die einzige Alternative zur Opferlogik des Geldes, die potenziell jeden erreicht. Zugleich ist sie auch Garant einer funktionierenden Ökonomie. Der gemeinsame Nenner aller Finanzkrisen der letzten Jahre – ob Immobilienblase, Lehman-Pleite oder Eurokrise – bestand im Verlust des Vertrauens ins Geld. Er ist unter anderem der Tatsache geschuldet, dass die Korrelation von Leistung und Verdienst immer weniger stimmt. Es ist unbegreiflich, dass Menschen bei einem vollen Arbeitstag von ihrer Arbeit nicht leben können – und andere ein Einkommen haben, das weit über ihre tatsächlichen Leistungen (und ihren Bedarf) hinausgeht. Die gerechte Verteilung von Einkommen und Ressourcen ist aber eine der Grundvoraussetzungen für den Glauben an die Gemeinschaft und die Bereitschaft, für die Gemeinschaft einzustehen. Damit ist soziale Gerechtigkeit auch die Basis eines Vertrauens ins Geld und Voraussetzung für eine krisenfeste Ökonomie, an der auch die, die sich dem Vermehrungstrieb des Geldes verschrieben haben, Interesse haben müssten.

Mit der Eurokrise wurde der Zusammenhang vom Glauben an die Gemeinschaft, der Glaubwürdigkeit des Geldes und sozialer Gerechtigkeit besonders dringlich. Europas Institutionen sind noch weitgehend am Nationalstaat ausgerichtet. In den Monarchien sorgten die dynastisch und sakral legitimierten Herrscher für die Glaubwürdigkeit der Gemeinschaft; später übernahmen gewählte Regierungen und Parlamente diese Rolle. Seit der Einführung des Euro aber fallen Wahl und Währung auseinander. Umso wichtiger wird eine andere Form von Klebstoff: Die soziale Gerechtigkeit ist die einzige Möglichkeit, die Glaubwürdigkeit der Gemeinschaft zu garantieren.

Dem entsprechen auch neue ökonomische Theorien, die sich allmählich Gehör verschaffen. Laut diesen funktionieren Volkswirtschaften, die *nicht* auf soziale Gerechtigkeit achten, schlechter als Ökonomien, in denen die Einkommensschere weniger weit auseinandergeht, in der also Löhne gezahlt werden, von denen Menschen leben können, und in denen die Bedürftigen durch Anstrengungen der Gemeinschaft unterstützt und nicht ausgestoßen werden.

Dass sich das Prinzip der Gerechtigkeit ökonomisch auszahlt, wiesen etwa der Wirtschaftshistoriker Richard Wilkinson und die Epidemiologin Kate Pickett in ihrem Buch *Gleichheit ist Glück. Warum gerechte Gesellschaften für alle besser sind* nach.[32] Ihr statistisches Material, das Daten aus 23 Industrieländern umfasst (darunter Australien, Deutschland, Großbritannien, Israel, Japan, Norwegen, Portugal, Schweden, Schweiz und vor allem die USA), belegt, dass soziale Ungerechtigkeit die Gesellschaft teuer zu stehen kommt. Ihre Kalkulation bezieht sich auf Kosten für soziale Desintegration, psychische Erkrankungen, die Lebenserwartung, Bildungschancen, Gewalt und Drogenkonsum oder die Belegung von Gefängnissen. Sie weisen – übrigens nicht als Erste – eine direkte Korrelation zwischen sozialer Ungleichheit und der Pathologie von Menschen auf den unteren Stufen der sozialen Hierarchie nach; und sie zeigen, dass Gesellschaften, in denen die ökonomische Schere weit auseinandergeht, für höhere Raten an psychischen Erkrankungen, Kindersterblichkeit, krankhaftem Übergewicht, Schulabbrechern, Mutterschaft im Teenageralter und Tötungsdelikten aufzukommen haben. Ungerechtigkeit, so das schlichte Fazit der Autoren, schadet der Gesellschaft insgesamt: nicht nur wegen der durch die Ungleichheit bewirkten hohen Bewachungs- und Krankheitskosten, sondern auch wegen der Produktivität, die in den Ländern mit geringeren Einkommensunterschieden höher ist als in denen mit großen.

Ähnlich argumentiert auch James K. Galbraith, der das *University of Texas Inequality Project* leitet, an dem neue Messwerte für ökonomische Prozesse entwickelt werden. Wenn man soziale Ungleichheit und wirtschaftliche Effizienz miteinander vergleicht, so sagt er, erkennt man, dass Länder mit weniger Ungleichheit auch weniger Arbeitslosigkeit produzieren. Die klassische These der Volkswirtschaft, laut der mit dem Sinken der Arbeitslöhne auch die Arbeitslosigkeit zurückgeht, sei unsinnig. »In der überwältigenden Mehrzahl der Fälle hängt die Beschäftigung von den Absatzmöglichkeiten der Unternehmen ab.« Insgesamt, so Galbraith, führt soziale Ungerechtigkeit »zu einer extremen Instabilität des Wirtschaftssystems«. Er schlägt vor, das untere Ende der Lohnskala anzuheben – nicht nur, um Menschen ein würdiges Leben zu ermöglichen, sondern auch, und eben das ist interessant, weil sich so die Effizienz der Wirtschaft stärken lässt.[33] Brasilien hat in den letzten Jahren genau diesen Weg eingeschlagen und das »salário mínimo«, das Mindesteinkommen, permanent angehoben. Mit der Folge, dass eine Mittelschicht heranwächst und genau das geschieht, worauf man bei diesem mit Rohstoffen reich gesegneten Land seit Jahrzehnten vergebens gewartet hatte: Es entsteht eine mit anderen großen Industrieländern kompetitive Ökonomie.

Die beiden oben zitierten ökonomischen Theorien sind nur zwei Beispiele für eine neue Art wirtschaftlicher Rationalität, die auch jenen, die in sozialer Gerechtigkeit kaum mehr als eine Form von »unproduktiver« Barmherzigkeit sehen, einleuchten müsste.

Anmerkungen

1 Mauss, Marcel: *Die Gabe. Form und Funktion des Austausches in archaischen Gesellschaften.* Frankfurt am Main 1990, S. 118.

2 Hénaff, Marcel: *Der Preis der Wahrheit. Gabe, Geld und Philosophie.* Frankfurt am Main 2009, S. 197.

3 Lévi-Strauss, Claude: *Die elementaren Strukturen der Verwandtschaft.* Frankfurt am Main 1993.

4 Hénaff, S. 467.

5 Hyde, Lewis: *Die Gabe. Wie Kreativität die Welt bereichert.* Frankfurt am Main 2008, S. 136 f.

6 Orléan, André: »La monnaie autoréferentielle: réflexions sur les évolutions monétaires contemporaines«. In: Aglietta, Michel; Orléan, André (Hg.): *La monnaie souveraine.* Paris 1998, S. 359–386, S. 361.

7 Ebda., S. 362.

8 Ebda., S. 365.

9 Ebda., S. 376.

10 Ebda., S. 380 f.

11 Ebda., S. 376

12 Ebda., S. 379.

13 Aglietta, Michel; Orléan, André: *La monnaie entre violence et confiance.* Paris 2002.

14 Verdier, R.: *La Vengeance,* zit. n. Hénaff, S. 349.

15 Hobbes, Thomas: *Leviathan. Oder Stoff, Form und Gewalt eines kirchlichen und bürgerlichen Staates.* Frankfurt am Main 1999, S. 194 f.

16 Kantorowicz, Ernst H.: *Die zwei Körper des Königs. Eine Studie zur politischen Theologie des Mittelalters.* München 1990, S. 31.

17 Vgl. Braun, Christina von: *Versuch über den Schwindel. Religion, Schrift, Bild, Geschlecht.* Zürich/München 2001, 5. Kapitel: Der Kollektivkörper.

18 Kallir, Alfred: *Sign and Design. Die psychogenetischen Quellen des Alphabets.* Berlin 2002, S. 40.

19 Spiegel-Online vom 13.02.2005.

20 Crouch, Colin: *Das befremdliche Überleben des Neoliberalismus.* Frankfurt am Main 2011, S. 101.

21 Leyendecker, Hans: *Die große Gier. Korruption, Kartelle, Lustreisen: Warum unsere Wirtschaft eine neue Moral braucht.* Berlin 2007, S. 252.

22 Marx, Karl. Auszüge aus James Mills Buch »Éléments d'économie politique«, S. 449.

23 Stadermann, Hans Joachim: »Tabu, Gewalt und Geld als Steuerungsmittel der Güterproduktion.« In: Schelkle, Waltraud; Nitsch, Manfred (Hg.): *Rätsel Geld.* Marburg 1998, S. 145–171, S. 165.

24 Polanyi, Karl: *The Great Transformation. Politische und ökonomische Ursprünge von Gesellschaften und Wirtschaftssystemen.* Frankfurt am Main 1990, S. 57 ff.

25 Castells, Manuel: *Das Informationszeitalter*, Teil I. Opladen 2003, S. 530.

26 *Süddeutsche Zeitung* vom 28.02./01.03.2009.

27 Crouch, S. 157.

28 Heitmeyer, Wilhelm (Hg.): *Deutsche Zustände*, Folge 8. Berlin 2010.

29 *Tagesspiegel* vom 31.01.2010.

30 Goebel, Jan; Gornig, Martin; Häußermann, Hartmut:»Die Polarisierung der Einkommen. Die Mittelschicht verliert«. In: *Wochenbericht* des DIW, Berlin Nr. 24, 2010.

31 Bataille, Georges:»Michelet«. In: Michelet, Jules: *Die Hexe*. München 1984, S. 258.

32 Wilkinson, Richard; Pickett, Kate: *Gleichheit ist Glück. Warum gerechte Gesellschaften für alle besser sind.* Berlin 2009.

33 Galbraith, James K.:»Wirtschaftsweise ratlos?«. Deutschlandfunk vom 27.11.2011.

Tobias Esch
Wie kann man Glück lernen?
Eine medizinisch-biologische Einkreisung

Prolog

Oh Gott, schon wieder Glück? Reicht es nicht, ständig und überall
Vorschriften für ein gesundheitsbewusstes Leben zu bekommen? Jetzt
soll man auch noch glücklich sein, ein glückliches Leben führen? Was
soll das überhaupt sein? Glück hat man – oder eben nicht. Das ist das
Gute daran: Vielleicht passiert es einfach so, kann ja sein, man kann
zumindest noch hoffen. Jedenfalls braucht man sich nicht darum zu
kümmern, außer vielleicht ab und zu den Lottoschein ausfüllen. *Who
cares?* Oder sollen wir jetzt alle nach Hamburg ziehen, weil laut Glücksatlas der Deutschen Post dort die glücklichsten Menschen leben? Das
wussten bereits unsere Vorfahren, die unweit der Hansestadt »Glücks-
stadt« und »Glücksburg« gründeten. Nur die Thüringer mögen bitte
wegbleiben, denn dort ist man am unglücklichsten. Wenn die alle nach
Hamburg zögen, dann wohnte das Unglück bald hier – oder bliebe
es etwa dort zurück in der Einöde, wo dann keiner mehr weilte? Ist
Unglück gerne allein?

Oder wir gehen gleich nach Bhutan, in das Himalaja-Königreich,
möglichst weit weg. Da gibt es keine Arbeitslosigkeit, und Platz hat es
auch. Und vor allem: Glück. Bruttoinlandsglück ist dort Staatsziel und
in der Verfassung verankert, da kann nichts mehr schiefgehen. Und
auf dem Weg dorthin machen wir Zwischenstopp in Großbritannien,
wo Lord Richard Layard die Wissenschaftsbewegung für eine glückli-
chere Gesellschaft *(Action for Happiness)* gegründet hat und Premier
Cameron sogleich eine Glückskommission berief, die Wohlfühlfak-

toren – Determinanten des kollektiven Glücks – auffinden soll. Jene Faktoren werden nun, in einem Glücksindex gebündelt, die künftige Politik Großbritanniens maßgeblich bestimmen, so Cameron. Und in Berlin hat die Bundesregierung eine etwas nüchternere Analogversion auf den Weg gebracht – die Enquète-Kommission zu Wachstum, Wohlstand und Lebensqualität.

Was aber, wenn das jetzt alle machen?
Stirbt das Unglück dann aus?

Wieso sagt Reinhold Messner in einem Interview, er sei jahrzehntelang auf der Suche nach dem Glück gewesen (und er kennt doch den Himalaja wie kein Zweiter!), ständig getrieben von dem Gefühl, das Glück sei immer da, wo er gerade nicht sei? Aber mit dem Alter, so Messner, sei er gelassener geworden, altersweise. Kommt Glück etwa zu uns, wenn wir nicht mehr danach suchen oder ihm hinterherreisen? Also doch nicht nach Bhutan? Leo Tolstoi meinte, das Glück hinge nicht von den äußeren Dingen ab (und damit auch nicht von Orten), sondern von der Art, wie wir sie sähen.
Fragen über Fragen ...

Ausgangssituation: Stress, Erschöpfung, Burn-out – Unglück!

Um es kurz zu machen: Glück ist nicht gerade ein Exportschlager. Unglück schon – es scheint sogar krankhaft ansteckend zu sein. Die Menschen klagen immer mehr darüber, öffentlich. Beispiel Burn-out (chronisches Unglück): Nach aktuellen Daten der deutschen Krankenversicherungen nimmt diese Kombination aus emotionaler Erschöpfung, Leistungseinbruch und Unzufriedenheit sowie Zynismus, das heißt Distanziertheit und Depersonalisation, massiv zu. Und dem subjektiven Stresserleben wird dabei eine besondere Bedeutung beigemessen. So simpel diese Feststellung auch erscheint, bei näherer Betrachtung ist sie sehr komplex und weist auf grundsätzliche Methodenfragen zur Erfassung von Burn-out hin. Auch die Tatsache, dass die Medizin keineswegs schon beschlossen hat, jene Symptomenkonstellation überhaupt als Krankheit anzuerkennen oder gar eine einheitliche Definition, Handlungsempfehlung oder ein anerkanntes Instrumentarium zur Diagnose des Burn-outs zu entwickeln, darf nicht vernachlässigt werden. Kurzum, so umstritten und komplex das beschriebene Phänomen generell ist, so sehr kann man eines feststellen: Glück sieht anders aus!

Burn-out, so eine moderne Lesart, ist nicht allein das Zuviel im Außen, sondern mindestens auch ein Zuwenig im Innen. Wir werden darauf noch zurückkommen. Doch ist dieses Vernachlässigen des inneren Raumes, des inneren Impulses, des Selbst, wirklich neu? Klagen wir nicht einfach nur auf verdammt hohem Niveau? Schrieb nicht schon Ödön von Horváth in seinem Stück *Zur schönen Aussicht*:»Ich bin eigentlich ganz anders, aber ich komme nur so selten dazu?« Und Karl Valentin bemerkte in der ihm eigenen humorvoll-ironischen Art: »Heute mach' ich mir eine Freud', ich besuche mich selbst. Mal seh'n, ob ich zu Hause bin.« Verschieben sich hier nur die (medialen) Koordinaten unserer Wahrnehmung oder doch das ganze Koordinatensystem? Nehmen Stress, Unglück und Depression wirklich zu (obwohl es uns doch noch nie so gut ging)? Haben wir Grund zur Klage? Die Antwort ist: Leider ja, irgendwie schon – und das hat nicht nur subjektive, psychosoziale, sondern auch biologische, medizinische und vermeintlich objektivierbare Ursachen und Konsequenzen.

Hätten Sie gewusst, dass man heute etwa anhand von Entzündungsmarkern im Blut oder gar in einzelnen Zellen nachweisen kann, ob jemand chronischem Stress ausgesetzt war oder ist? Und dass selbst die Depression – nicht nur die bekannten Herz-Kreislauf- und Gefäßerkrankungen wie Bluthochdruck, Schlaganfall und Herzinfarkt – heute als eine durch Entzündungsprozesse und Stress mit begünstigte Erkrankung gilt? Auch stellt man fest, dass die Generation der heute

Erwachsenen im Schnitt etwa eine Stunde weniger schläft als noch die Vorvorfahren. Ist weniger Zeit dafür oder brauchen wir heute biologisch einfach weniger Schlaf? Wo sind, neben dem Schlaf (und das kommt noch dazu!), die Erholungsräume geblieben, in denen wir angeblich unproduktiv und ineffizient einem Tagtraum, einer Reflexion oder einfach der »Frei-Zeit« nachgehen können, Kairos statt Chronos? Man kann heute nachweisen, dass der Konsum, der Güterumsatz des Einzelnen über die Lebensspanne, aber auch jener der Wirtschaftsnationen insgesamt, immer weiter zunimmt, ja zunehmen muss. Und dass die Haltbarkeit der Produkte und Güter, aber auch die Zyklen hinter dem ganzen Geschehen, immer kleiner und kürzer werden. Das wirkt auch auf die Subjekte. Welche Konsequenz soll der Einzelne ziehen? Sich entziehen? Die alten Rezepte wieder auspacken, Rückschritt statt Fortschritt? Regeneration und Restauration statt Multitasking und gelegentliche Kapitulation? Genießen und »sein« statt konsumieren und hinterherrennen (kurz vor Ladenschluss, der aber glücklicherweise auf 22 Uhr verlängert wurde)? Soziale Interaktion statt soziales Fangnetz und gelegentliches Verheddern darin? Doch wer schafft dann die Werte, verdient das Vermögen, zahlt Steuern? Momentan läuft unsere Entwicklung nicht gerade in diese Richtung. Wir schmunzeln über die Franzosen mit ihrer 35-Stunden-Woche und der Rente ab 60. Und gehen arbeiten.

Eines ist klar: In einer Gesellschaft, deren Fokus und Überlebensstrategie um jeden Preis auf Produktion, Export und kollektives Wachstum ausgerichtet sind, sind Phasen der inneren Einkehr und Besinnung, in denen der Einzelne im Außen nichts Sichtbares schafft, zunächst an den Rand des Tages verdrängt worden (erstes Opfer: der Mittagsschlaf). Dann wurden sie in die Freizeit oder auf das Wochenende ausgelagert, von wo wir sie schließlich als Nicht-Kirchgänger, Nicht-Sonntagsbrätler oder auch inzwischen als Nicht-Stammtischler (Ausnahme: kollektive Fußballgroßereignisse), moderne und aktive Menschen eben, die wir sind, gänzlich verbannt haben. Und jetzt lernen wir von der heute nachwachsenden »Generation Y«, die auf Kosten der von uns erarbeiteten Vermögen lebt (bitte übersehen Sie nicht die versteckte Ironie), dass Freizeitstress eher out und »uncool« ist und »chillen« beziehungsweise »abhängen« stattdessen in. Und sich gemeinsam und relaxed erleben, statt vereinzelt und auf die Zähne beißend. Seien Sie mal ehrlich: Finden Sie das gut? Und beneiden Sie nicht doch auch ein bisschen diese Jugendlichen? Um ihre Freiheiten? Wohl wissend, dass auch für jene der Spaß bald vorbei ist, spätestens wenn sie auf das richtige Leben losgelassen werden und sie sich dort behaupten müssen? Dann ist Schluss mit lustig, mit Kooperation und Kuschelei, dann heißt es *War of Talents*, Kompetition und Wettbewerb. Und dann bekommen sie auch Stress und Burn-out. Und das wird tatsächlich mehr – sagt die Wissenschaft.

Wie kommt man aus diesem Dilemma heraus? Wie kann man wieder einmal, als Gesellschaft und als Einzelner, im wahrsten Wortsinn »selbst-bewusst« dysfunktional sein? Natürlich ist die wirtschaftliche Prosperität Grundlage einer jeden modernen Gesellschaft, aber Wachstum um jeden Preis (und wohin – bei letztlich begrenzten Ressourcen) und das Ausrichten aller Systeme sowie der Gesamtpolitik am kollektiven materiellen Wohlstand, seiner stetigen Zunahme und einer wirtschaftlichen Verwendbarkeit der Subjekte, schränken die Kreativität und innere Freiheit der Individuen ein. Nachweislich. Und so können plötzlich aus Gerechtigkeit, Wachstum, Sicherheit und Freiheit im Außen Gegensätze entstehen, insbesondere gegenüber der individuellen Freiheit und Autonomie des Einzelnen. Muss das sein? Hat Cameron doch recht? Auch diesen Faden müssen wir noch weiterknüpfen.

Wir halten fest: Es scheint bedeutsam zu sein, nicht in eine kollektive Ohnmacht oder *Learned Helplessness* (eine Definition von Unglück) hineinzugeraten, sich stattdessen Kontroll-, Einfluss- und Gestaltungsmöglichkeiten zu sichern, wo immer möglich, sie zu erhalten und gegenseitig aktiv vor Augen zu führen, sodass wir wieder lernen und besser wertschätzen, was es heißt, abzuschalten beziehungsweise abschalten zu können und genau dafür selbstbewusst Orte im Außen und vor allem im Innen auszumachen. Diese können zugleich der allgemeinen Entgrenzung entgegenwirken und Raum schaffen für das Selbst, für Einstimmung und Stressregulation, ja auch für unser Glück. Und sogar für Selbstheilung, wie wir noch sehen werden. Und das fühlt sich dann nicht nur gut an (oder ist gesund), sondern, so hören wir aus den Neurowissenschaften, es verändert auch uns selbst, das heißt, durch »Plastizität« ändert sich gar unsere Hardware, das Gehirn selbst. Wir werden tatsächlich resilienter, widerstandsfähiger und durchbrechen womöglich den Teufelskreis, der da lautet: Chronische Stressbelastungen führen über die Zeit zu einer Degeneration im Gehirn. Das gilt gerade in den Bereichen, die der Emotionsregulation, der Exekutivfunktion und dem Arbeitsgedächtnis dienen (präfrontaler Kortex) sowie dem Lernen und Erinnern (Hippocampus). Zugleich bewirkt dies eine Aktivierung jener Areale, die Angst und Nervosität beziehungsweise Alarm- und Erregungsbereitschaft – eben Stress – ausmachen (Mandelkern). Wir werden dünnhäutig, sind getrieben. Der Prozess ist aber nun einmal, wie wir heute wissen, nicht unumkehrbar. Änderungen bedürfen jedoch unserer selbst, es braucht ein aktives Tun oder ein »Darinsein«, nicht nur daneben oder dabei. Man kann es drehen, wie man will: Wir sind Täter und Opfer in einem. Worauf warten wir noch? Lernen wir wieder, die Ressourcen im Inneren zu aktivieren, uns achtsam einzustimmen, dem Selbst und der Selbstheilung – und dem Glück, der Zufriedenheit – einen Platz zu geben, selbstbewusst, aber doch freundschaftlich, mit uns und der Umwelt. Auch die aktive Stressregulation gehört dazu. Schon Hippokrates und Galen betonten die Wichtigkeit dieser Lebenskunst und Einstimmungsfähigkeit für Gesundheit und Medizin. Und Paracelsus sprach gar vom inneren Arzt (siehe Archaeus), in Ergänzung zum äußeren (siehe Medicus). Diesen inneren Arzt tragen wir alle bei uns, jederzeit.

Stressbewältigung und Achtsamkeit: Kann man die Stressregulation trainieren?

Die theoretische Antwort auf diese Frage ist oben schon angedeutet. Sie lautet: Ja! Wie aber könnte das konkret gehen?

Stress bezeichnet eigentlich – biologisch gesehen – eine Situation, in der wir irgendwie reagieren müssen, um zu überleben: Kampf oder Flucht. Und wenn uns das gelingt, das heißt, wenn wir überleben, dann werden wir innerlich belohnt (damit verbunden erhalten wir aber auch die Aufforderung, uns die Strategie, die vermeintlich zum Entkommen geführt hat, einzuprägen), sind erleichtert und – sehr wahrscheinlich – glücklich. So weit, so gut. Nur ist dieser Prozess, bei dem alle anderen Funktionen, etwa die der Fortpflanzung, Verdauung, Entspannung, Regeneration, Muße etc., untergeordnet werden, eigentlich als Extrem- und Ausnahmefall gedacht und normalerweise eher von kurzer Dauer (eben: Tod oder Leben). Nicht zuletzt, weil die Stressreaktionen in der Regel blitzschnell und unterbewusst ablaufen, dabei schlecht zu kontrollieren sind (gut so!) und enorme »Schlacken« erzeugen (sogenannte »Allostase« oder »allostatische Ladung«), die im Anschluss erst wieder beseitigt werden müssen.

Stress per se ist also weder krank noch gesund, sondern ist eine Frage von Dauer, Dosis und Form: Zu viel ist zu viel, zu wenig aber – im echten Ernstfall – auch zu wenig. Es sind Dauer, Dosis und Form, die darüber entscheiden, welche Folgen er hat: Stress kann Leben retten, aber Stress *kann* auch krank machen, zum Beispiel das Herz-Kreislauf- oder das Immunsystem überfordern, Entzündungsprozesse anstoßen, das Nervensystem zur Degeneration antreiben. Das gilt insbesondere dann, wenn der Stress keine Pausen einlegt und wir ihn nicht abschalten (können). Es ist schon bezeichnend, dass 80 Prozent der Deutschen in aktuellen Befragungen angeben, gestresst zu sein. Sicher war niemand von diesen Personen im Moment dieser Angabe an Leib und Leben real bedroht. Woher kommt der Stress dann? Wir machen uns selbst – und gegenseitig – den Stress, stellen ihn uns vor, sehen ihn im Fernsehen, grübeln und antizipieren das Negative, sind immer bedroht, immer *on.* Das hatte einmal, im Kontext unserer biologischen Evolution und vor dem Hintergrund der realen äußeren Bedrohungen im (Steinzeit-)Alltag, eine wichtige Funktion. Heute jedoch ist daraus eine Art kollektive psychosoziale »Neurose« beziehungsweise eine Ersatz-Kampfarena geworden, die wir, anders als es in der Biologie eigentlich vorgesehen war, nur schwer verlassen können, weil sie – solange die Bedrohung in unserem Kopf ersonnen oder empfunden wird, der Aggressor also nicht einfach aus der Arena zu entfernen ist – ja immer bei uns und eben fortwährend bedrohlich ist. Ein Entkommen ist schwierig, bis wir wieder lernen, reale von eingebildeten, lebensbedrohliche von weniger einschneidenden »Stressoren« zu unterscheiden, aus der Hilflosigkeit und dem Autopilot-Modus wieder ins Handeln zu kommen. Und das kann man lernen: Es heißt dann Stressregulation, Stressbewältigung oder Stressmanagement. Auch Mind-Body-Medizin. Und kann sich sehr gut anfühlen.

Stressbewältigung bindet in der Regel Aktivitäten aus verschiedenen Bereichen ein.[1] Diese führen zu einem Gegensteuern, Abpuffern oder Vorbeugen der (patho)physiologischen Veränderungen unter Stress. Die zentralen Säulen sind: Bewegung (mindestens 30 Minuten moderate körperliche Aktivität täglich), gesunde Ernährung (zum Beispiel mediterrane Kost, aber auch das achtsame und sinnliche Genießen), positives Denken und Handeln – wo und wann immer möglich (in dieser Verhaltenssäule stecken Optimismus und Glück oder die sogenannte »Positive Psychologie« drin) – und schließlich das, was man innere Einkehr, Siesta, Entspannung oder gar Meditation nennen könnte, am besten bewusst und für mindestens 20 Minuten am Tag. Eingebettet in die genannten Säulen, dennoch explizit von Bedeutung, sind soziale Unterstützung und Interaktion sowie das, was man Glaube, Inspiration oder Spiritualität nennen könnte. Das hilft alles, bewiesenermaßen.

Achtsamkeit meint, sich dem gegenwärtigen Moment, hier und jetzt, ganz zu öffnen, zur Besinnung zu kommen, ungeteilt aufmerksam zu sein, wie ein Kind, das im Spiel ganz versunken (aber dennoch hellwach) ist. Mehr beobachtend, nicht bewertend, gar innerlich reaktiv oder getrieben, selbst wenn die Gegenwart nicht immer angenehm erscheint: Achtsam und bewusst hören, riechen, schmecken, tasten, gehen, reden. Nicht grübeln, in Zukunftsplanungen oder Erinnerungen gefangen sein, sondern einfach da sein, präsent. Verbunden mit sich und der Welt durch den Kontakt zu den Wahrnehmungen, wie sie sind, jetzt, ungefiltert – selbstbewusst und eingestimmt im wahrsten Wortsinn. Mit einer Attitüde der Akzeptanz. Das kann man trainieren. Und das verändert etwas, nicht nur im unmittelbaren Erleben, sondern auch an der Hardware, mit der Zeit. Relativ schnell schon findet man im Gehirn in Phasen der Muße, inneren Einkehr und Einstimmung das Anspringen eines Grundrhythmus, des sogenannten *Resting State* oder *Default Mode Networks*. Hier wird Erlebtes zu Erlerntem beziehungsweise Erlerntes stabilisiert, der Arbeitsspeicher wieder geleert, Wichtiges von Unwichtigem getrennt, Ereignisse und der Stress von eben werden eingeordnet, Schlüsse gezogen, es wird neu aufgetankt. Ganz von allein. Und so kann aus dem Achtsamkeitstraining ein wirksames Mittel zur nachhaltigen Stressreduktion werden. Und eine gute Vorbereitung auf dem Weg zu mehr Glück und Zufriedenheit: Weil im Gehirn genau jene Areale aktiviert und trainiert werden, die einerseits dem Stress entgegenwirken und andererseits mit dem endogenen Motivations- und Belohnungssystem verbunden sind. Das gilt letztlich auch für die anderen Säulen und Bereiche. Über die philosophischen und sozialwissenschaftlichen Aspekte einer Praxis, die primär darauf ausgerichtet ist, zu akzeptieren, statt zu kämpfen (oder zu fliehen), wollen wir an dieser Stelle nicht weiter sprechen.

Auf den ersten Blick mag sich das Gesagte anhören wie eine Aufforderung, sich eine stressige Welt schönzureden oder gar zu leugnen, dass der innere Stress, den wir uns oft machen, auch im Kontext äußerer Verhältnisse und Konstellationen steht, die wir schwer kontrollieren können. Denn gerade diese Konstellationen, an denen wir selbst oft nichts ändern können, erzeugen neuen Stress, weil sie unsere Autonomie bedrohen. Also nicht die rosarote Brille oder ein Sich-die-Welt-Schöndenken ist hier gemeint, auch kein Rückzug ins Private. Es geht eher darum, wie sich in dieser Welt Möglichkeiten ergeben, innerlich Kraft zu schöpfen, offen, wach, fokussiert und dennoch entspannt zu sein. Und aus einer Verbundenheit und Klarheit heraus zu handeln.

Was ist Glück? Eine neurobiologische Betrachtung

Glück sei, so berichtet ein bekannter deutscher Publizist, der unter dem Pseudonym Achim Achilles ein Läuferportal im Internet betreibt, wenn man beim Laufen *ganz bei sich ist*, eins mit der Natur und dem Rhythmus der Schritte: *Filmriss* – Flow-Erleben. Die Besucherin eines Kletterparks (und Journalistin: Nicoline Haas) beschreibt »es« nach erfolgreichem Abseilen aus großer Höhe wie einen Adrenalin-Schwips, wenn einem etwas glückt und alles *kribbelt, wie Brausepulver im Blut*. Man sei dann glücklich und verdammt stolz. Und in einer repräsentativen Umfrage der GfK Marktforschung Nürnberg teilen die Deutschen Anfang 2012 mit, dass ihnen die häufigsten Glücksmomente durch ihre Beziehungen und Mitmenschen beschert werden, allen voran die Partnerschaft, dann die eigenen Kinder, etwas abgeschlagen die Freunde (knapp vor den kleinen Dingen des Alltags); kaum aber durch Geld, Besitz oder beruflichen Erfolg.

Wir unterscheiden heute drei Kategorien des Glücks (genauer gesagt des subjektiven Wohlbefindens, der Lebenszufriedenheit, der endogenen Belohnung und/oder Motivation, der Auto- und Selbstregulation usw. – um nur ein paar Begriffe aus der vielschichtigen Wissenschaft des Glücks zu nennen).[2] Manche Autoren nennen sogar fünf Formen. Bliebe man jedoch bei dreien, dann gäbe es:

◆ Als erste Kategorie ist das Glück der Vorfreude, des Abenteuers, der Lust zu nennen, die Aussicht auf (Selbst-)Befriedigung, englisch *wanting* oder *pleasure*, Appetit haben. Es ist das flüchtige, aber mitunter heftige Vergnügen, das uns manchmal, gerade in der Jugend, für kurze Zeit zuteilwird und das uns besondere Momente (Hochmomente beziehungsweise *mastery* oder *peak moments*) beschert. Auch besondere Erfolge und das Erreichen wichtiger Ziele, genauso wie kreative Ausbrüche, können hier genannt werden.

◆ Die zweite Kategorie entspräche dann dem, was man mit dem englischen Begriff *luck* beschreiben könnte, darin einerseits auch das Zufallsglück, andererseits die Erleichterung, *relief*, wenn Stress nachlässt, man eine Pause bekommt, eine Gefahr (Aversion) abwenden oder gänzlich vermeiden konnte, kurz: das unerwartete Bekommen sowie das erfolgreiche Entkommen aus einer gefährlichen oder stressigen Situation –»Glück gehabt«!

◆ Die dritte Kategorie ist noch nicht lang im Fokus der medizinisch-biologischen Wissenschaft, altbekannt aber in Poesie, Philosophie und Kunst: *happiness*, das heißt eine tiefe Freude, anhaltende Zufriedenheit, Glückseligkeit, Affiliation und Fürsorge, das »Sein« oder Nicht-Wollen (*non-wanting*), darin auch Aspekte von Achtsamkeit, prosozialem oder altruistischem Verhalten, Verbundenheits- und Kohärenzgefühle. Auch die Liebe, weniger die romantische als die maternale (als Prototyp), gehört hier genannt.

Vom Glück der Fülle wird gesprochen, wenn man sich erfüllt fühlt, angefüllt ist, angekommen, ganz da, satt und zufrieden – genau richtig eben, am richtigen Ort, zur richtigen Zeit, eventuell gar beseelt. *Flow* dagegen meint die fein austarierte Grenze zwischen Über- und Unterforderung, wenn man eine anregende, aber lösbare Herausforderung erlebt oder genau das rechte Maß an Stress hat, diesen erfolgreich meistert und dafür auch die eigene Leistung geltend machen kann. Durch die jüngste Forschung, gerade in den Neurowissenschaften, kann man heute Fülle-Glück und Flow-Erleben auch als verwandte Zustände auffassen, bei denen alle drei Arten des Glücks involviert sind – wie die verschiedenen Geschmacksrichtungen in einem guten Essen (Menü) oder die volle Orchestrierung in einem opulenten Werk – und jenes gleichzeitig oder, noch wahrscheinlicher, in unmittelbarer Abfolge. Die beteiligten Botenstoffe, wie Dopamin (erste Kategorie), Adrenalin (zweite) oder endogenes Morphium (dritte), werden im Blut beziehungsweise Gehirn sogar in Abhängigkeit voneinander gebildet, das bedeutet, sie sind in der Evolution auseinander hervorgegangen und bedingen ihre enzymatische Bildung und Freisetzung nun gegenseitig. Wenn man sie lässt. Wie bei einem Energiestoß und einer darauffolgenden Kettenreaktion, eventuell katalysiert durch Ort, Zeit und die »näheren Umstände«. Erinnern Sie sich an Achim Achilles? In einem solchen Flow- oder Fülle-Zustand, den man aber auch zulassen können muss, gibt es zwischen dem Innen und Außen keinen Widerspruch mehr, alles erscheint wie selbstverständlich, man ist ganz da, im Jetzt, hat einen Lauf, *es* läuft! Mit Leichtigkeit, reibungslos, wie im Spiel, bei gleichzeitiger Authentizität, herrlich! Kein Geschmacksbedürfnis oder -sinn bleibt unbefriedigt, keine Wünsche bleiben offen, das volle Programm. Aber beim genauen Hinschauen kann man noch immer die unterschiedlichen Glückszustände, wenngleich verwoben, differenzieren. Denn der eigentliche Fülle-/Flow-Zustand kommt, einer inneren Dramaturgie folgend, erst am Ende: Wenn der Kletterer den Boden wieder berührt, der Läufer das Ziel vor Augen hat (die berühmte letzte Viertelstunde) oder beim Marathon den Einlauf passiert – völlig fertig, aber glücklich. Wenn der Vorhang fällt und der Schlussapplaus aufbrandet. Und später: Wenn die Anspannung abfällt und man tief zufrieden und einfach selig ist.

Alle drei Formen des Glücks haben ihre Bedeutung und Berechtigung.

Die Positive Psychologie unterscheidet hier auf der Basis langjähriger Forschung drei unterschiedliche Wege zum Glück: 1. Hedonismus, Selbstbefriedigung, Lust; 2. Flow, Herausforderungen, Hingabe; 3. Altruismus, Eudämonie, Transzendenz, die gleichberechtigt nebeneinandergestellt werden. In der Neurobiologie würde man, bei aller Ähnlichkeit, vielleicht eine gewisse Reihenfolge erkennen, aber den geschilderten Arten und Interpretationen ist gemein, dass das Glück zunächst als ein schönes Gefühl gesehen und erlebt wird, von innen kommend, wie eine innerliche Belohnung (Bestätigung) für etwas Erlebtes oder Getanes, das uns sagen will: Das hast du gut gemacht, das fühlt sich richtig an, merk dir das! Und tatsächlich: Im limbischen System des Gehirns hat unser Motivations- und Belohnungssystem seinen Ursprung, hier wird der Orchesterklang, die Komposition, das Wohlgefühl, werden Glück und Zufriedenheit (aber auch Angst und Aversion) generiert, je nachdem. Und es wird festgelegt, was uns »merk-würdig« erscheint. Aufgrund der Parallelen sind amerikanische Neuropsychologen jetzt darangegangen, ein übergeordnetes Modell des Glücks (und auch der Fülle) zu beschreiben, bei dem sie jeweils wieder von den drei beschriebenen Grundarten ausgehen (Annäherung und Appetit, Vermeiden und Aversion, Affiliation und Verbundenheit), aber von einem *responsive mode* sprechen, wenn die drei Arten im Einklang sind, wir also nicht durch Verluste, Bedrohungen oder Zurückweisungen gestört sind, das heißt Zufriedenheit oder Fülle vorherrschen (mit den Gefühlszuständen Freude, innerer Friede, Liebe), oder von einem *reactive mode*, wenn wir gestresst oder in Disharmonie sind, wenn die Gefühle von Gier, Hass oder seelischen Qualen *(heartache)* dominiert werden. Unglücklicherweise haben wir Menschen eine biologische Neigung, diesen reaktiven Weg zu gehen, das Negative zu antizipieren, weil uns die Evolution lehrt: Überleben ist alles! Schon hinter dem nächsten Baum könnte der Feind lauern. Sei immer auf der Hut, in Alarm- und Reaktionsbereitschaft, es könnte sonst gleich aus sein! Nimmt dieses Denken überhand oder verlieren wir die Kontrolle darüber, dann geraten wir in einen Zustand der inneren Ohnmacht, der nur schwer wieder zu durchbrechen ist.

Glück in der Medizin: Ist Glück gesund?

Stress und Glück, genauer: chronische Überlast und innere Zufriedenheit, schließen sich mittel- bis langfristig gegenseitig aus. Das geht in beide Richtungen: Dinge, die uns tiefe Freude bereiten und selig machen, reduzieren Stress, nachweislich. Wieder steht die Biologie, unter anderem über molekulare Mechanismen, die über das endogene Motivations- und Belohnungssystem getriggert werden, im Mittelpunkt: Die freigesetzten Botenstoffe wirken den Stresshormonen physiologisch entgegen. Deswegen ist es keineswegs übertrieben zu behaupten, dass alle Menschen irgendwie glücklich sein wollen und sollen – von Natur aus! Sonst hätte man es nicht so eingerichtet, das heißt, die Evolution es nicht erzeugt und schließlich konserviert. Jene hirneigenen Belohnungsstrukturen lassen uns, gleich einer unsichtbaren inneren Richtschnur, nach dem handeln und streben, was – in diesem Moment und unter Berücksichtigung aller Lebensumstände – vermeintlich gut für uns ist. Allerdings passiert das normalerweise unterbewusst und fast in Echtzeit (was biologisch sicher sinnvoll ist). Wir werden nicht rational danach gefragt, was wir wollen beziehungsweise ob wir mit den (Langzeit-)Folgen und dem Preis einverstanden sind. Wir verhandeln nicht, wir handeln einfach.

Unsere Entscheidungen, die eher reaktiv zustande kommen, müssen nicht immer – im medizinischen Sinne – gesund sein. Auch (und gerade) wenn sie über den limbischen Belohnungskreislauf gesteuert werden. Aber über den gleichen Mechanismus lassen sich nun auch gesundheitsbewusste Entscheidungen und gesunde Lebensstile erzeugen und begründen. In diesem limbischen Modus handeln wir normalerweise automatisch und nichtrational, nichtkognitiv, aber es ist durchaus möglich, aus diesem Autopilot-Programm auszusteigen und ein gewisses Maß an Kontrolle, Bewusstheit und Achtsamkeit einzuüben und walten zu lassen. Zumindest im Alltag, wenn wir nicht vom (realen?) Stress überrollt werden, oder solange es tatsächlich nicht um unser Überleben geht. Nicht zuletzt deshalb haben sich achtsamkeitsbasierte Verfahren in der Medizin in einigen Bereichen etabliert. Dabei macht auch die Medizin noch häufig den Fehler, gesunde Lebensstile und Verhaltensmodifikationen (zum Beispiel das Nichtrauchen) mit dem erhobenen Zeigefinger vermitteln zu wollen. Die Neurobiologie lehrt aber: Ein Vorsatz beziehungsweise eine gewünschte Lebensstilveränderung muss subjektiv lohnenswert erscheinen, also letztlich Glück versprechen – die endogenen Belohnungssysteme sind involviert! Was jedoch Glück verspricht, ist individuell unterschiedlich (auch wenn es der zugrunde liegende biologische Mechanismus eben nicht ist). Heißt aber auch: Das neue und zu verändernde Verhalten muss schließlich mindestens so gut sein und Spaß machen wie das alte oder vorherige. Sonst wird die Änderung nicht, zumindest nicht nachhaltig, beibehalten.

Die genannten Zusammenhänge sind lange bekannt. Aber in der Medizin tauchen sie erst seit etwa zehn bis 15 Jahren (wieder) auf. Gerade aktuell purzeln uns Studien ins Postfach, die zeigen, dass Optimismus, Positive Psychologie, Achtsamkeit, Salutogenese, Kohärenz und Glück *(happiness)* eine manifeste medizinische Relevanz haben. Die allgemeine Sterblichkeit und besonders die Herz-Kreislauf-Sterblichkeit sinken in beeindruckender Weise, die Lebenserwartung steigt um mehrere Jahre. Diese Ergebnisse sind weitestgehend robust, also unabhängig von den sonst üblichen Störgrößen wie Geschlecht, sozialem Status, Rauchen oder dem Körpergewicht (BMI). Manche Studien, die in diesen Tagen erscheinen, sind dabei Langzeitstudien mit enorm großen Kollektiven, sie sind zum Teil über mehrere Jahrzehnte gelaufen. So einfach lässt sich das alles nicht mehr vom Tisch wischen. Zur Frage der Trainierbarkeit, die damit nicht automatisch beantwortet ist, kommen wir noch. Wir halten aber fest: Glück *kann* gesund sein. Und: Burn-out, hier als Beispiel genannt und verstanden im Sinne einer chronischen Überlastung, als chronischer Stress und damit verbunden als Mangel an Glück und Zufriedenheit, also auch als Mangel an endogener Belohnung (»Unglücks-Erkrankung«), kann sicher nicht durch mehr Stress oder *To Dos* therapiert werden, eher wohl über Achtsamkeit, Inspiration, mehr Selbst, für manch einen auch: Glaube und Spiritualität. Über positive Beziehungen, Kinder, Freunde – und Freude!

Determinanten des Glücks: Kann man Glück lernen?

Vor einigen Jahren machten Forschungsergebnisse die Runde, die besagten, wir alle würden mit einem feststehenden *Happiness Set point*, einer Vor- oder Werkseinstellung für das Glück und die Gestimmtheit, geboren werden, an der man praktisch nichts mehr ändern könne. Ausgangspunkt war die Erkenntnis, dass Menschen, die schwere Schicksalsschläge (oder Glücksereignisse) zu verarbeiten hatten, in Untersuchungen schon nach wenigen Wochen wieder auf ihr persönliches Ausgangsniveau der Befindlichkeit zurückkehrten. Die Set-Point-Theorie führte auch dazu, dass therapeutische Ansätze im Bereich von Positiver Psychologie, Salutogenese und Mind-Body-Medizin unter einen Rechtfertigungsdruck gerieten. Das war jedoch, im Nachhinein, ein Glücksfall: Denn die Wissenschaft brachten nun ein sehr viel differenzierteres Bild zutage, nicht nur was die Veränderungssensibilität und Trainierbarkeit von Glücks- und Zufriedenheitszuständen angeht (*state* versus *trait*), die Zyklushaftigkeit und Modifikationsbewegungen in kleinen und in sehr langen Zeiträumen, sondern sogar, in Verbindung mit dem, was wir heute Epigenetik nennen, die Erkenntnis, dass auch die genetische Disposition und Grundeinstellung nur ein Aspekt in einem sehr komplexen und interaktiven Gesamtbild ist, das sehr wohl, allemal über längere Zeiträume (oder eben sehr kurze), Veränderungen unterworfen ist, die man teilweise auch bewusst und aktiv mitgestalten kann. So ist heute weitgehend akzeptiert, dass unsere Gene für etwa 40 bis 50 Prozent unseres Glückserlebens verantwortlich sind, der Zufall und die Lebensumstände beziehungsweise Verhältnisse circa zehn Prozent ausmachen und etwa 40 bis 50 Prozent von dem abhängen, was wir tun oder nicht tun, was wir lernen, welche Schlüsse wir aus unseren Erfahrungen ziehen, was wir *daraus machen*. Natürlich ist dieses wieder ein ziemlich akademisches Bild, und in der Praxis sind die unterschiedlichen Anteile sicher verwoben. Eines aber können wir mitnehmen: Glück ist weniger zufällig – der Zufall wird in diesem Kontext überschätzt. Die Einstellung scheint dagegen umso bedeutsamer zu sein. Samuel Koch, der nach einem Unfall in der Fernsehsendung *Wetten, dass..?* seit 2011 querschnittsgelähmte junge Mann, sagt dazu:»Man kann auf allen Ebenen klagen. Und man kann auf allen Ebenen glücklich sein.« Was aber sind nun die genauen Determinanten des Glücks? Und was können wir tatsächlich beeinflussen und möglicherweise trainieren? Das sozioökonomische Panel in Deutschland und auch die Autoren des Glücksatlas (siehe oben) sehen vier wesentliche Zufriedenheitsfaktoren: ausreichend Geld (die magische Grenze liegt bei uns bei einem Monatseinkommen von etwa 5000 Euro, was etwa dem Doppelten des durchschnittlichen Haushaltseinkommens in Deutschland entspricht, darüber hinaus führt mehr Geld, statistisch gesehen, nicht zu mehr Glück – allerdings kann die Schere auch schon viel früher auseinandergehen; in diese Kategorie gehören auch die Arbeit und der berufliche Erfolg oder das notwendige Stillen von Grundbedürfnissen), die Gene, die Gemeinschaft beziehungsweise Gesellschaft (wer oder was ist um mich herum, mit wem bin ich verbunden etc.), schließlich die Gesundheit, also das Fehlen einer Bedrohung oder Einschränkung derselben. Das ist schon nahe dran an dem bereits Beschriebenen, aber es gibt doch einige Inkonsistenzen, die unter anderem mit der Auswahl der Befragten und einem gewissen Altersbias (Verzerrung) zu tun haben könnten. Andere – vor allem Langzeituntersuchungen – unterstreichen auch andere Determinanten. Bruno Frey in Zürich nennt neben der Arbeit und den Freunden, der Familie und den Kindern beispielsweise auch den Glauben und das politische System, in dem man lebt: Demokratie und Freiheit. Weitere Studien betonen gerade den letztgenannten Bereich. Es zeigt sich immer wieder, dass Länder, in denen eine freiheitliche Grundstimmung sowie stabile soziale und politische Verhältnisse herrschen und wo die Einkommensschere zwischen oben und unten nicht zu weit auseinandergeht (sowie eine gefühlte Gerechtigkeit – auch des Steuersystems – und Transparenz existieren), deutlich höhere Zufriedenheitswerte der Bevölkerungen haben und auch ein kollektives Gefühl des »Erblühens« (*flourishing*) ermöglichen. Wenn das gewünscht ist. So kommt es, dass zu den glücklichsten Ländern neben der Schweiz, Island, Kanada und Dänemark auch Costa Rica an vorderster Stelle gehört. Aber auch das Gefühl von »Zeit haben«, wozu auch die Frage der konkreten Kinderbetreuungsmöglichkeiten sowie der Vereinbarkeiten verschiedener (Grund-)Bedürfnisse und Interessen gehört, spielt eine Rolle. Immer wieder stößt man auf den notwendigen und gesuchten Ausgleich zwischen Gemeinsinn, gesellschaftlichem Glück und Erblühen einerseits und dem individuellen Glück andererseits. Zwischen »Ich« und »Wir«. Wir sehen: Das Glück ist doch politisch.

Vielleicht spüren Sie aber auch schon, dass es da noch irgendetwas anderes geben muss. Und richtig: Studien, etwa aus der Jacobs University in Bremen, führen das Glück auf drei Säulen zurück: Haben, Sein und Lieben. Die Liebe, stimmt, die hatten wir schon fast wieder vergessen. George Vaillant, der die größte und längste Studie in diesem Kontext begleitet, die sogenannte *Grant Study*, die an der Harvard University seit Jahrzehnten läuft, nennt fünf Determinanten oder Lebensaufgaben für ein gelungenes Leben und eine hohe Lebenszufriedenheit (Schaffen oder Arbeiten, idealerweise im Flow oder mit Hingabe, achtsam und aufmerksam; Loslassen; Geben; Glauben; Liebe), um sogleich auf die Frage, welches denn wohl der wichtigste Faktor sei, zu antworten, dass es auf jeden Fall auf die Liebe ankäme. Die Fähigkeit, zu lieben, geliebt zu werden, das Gefühl zu haben, von irgendjemandem angenommen und gemocht und gesehen zu werden und dieses Gefühl auch teilen und zurückgeben zu können. Ich weiß nicht, wie es Ihnen geht, aber da resoniert doch irgendetwas? Gerald Hüther sagt: Es braucht für das Lebensglück ein Gleichgewicht zwischen den beiden Ur-Bedürfnissen des Menschen, dem der Freiheit und des Wachstums einerseits und dem der Verbundenheit und Liebe andererseits. Und auch wenn es die Aufgabe des Glücks ist, biologisch gesehen, unseren Arterhalt zu sichern, so ist damit neben dem Wachstum und der konkreten Expansion beziehungsweise Fortpflanzung eben auch die optimale An- und Einpassung verbunden, welches die Evolution auch in einen kulturellen, übergeordneten Zusammenhang gestellt hat: Den Erhalt von Wissen und Kultur durch Verbundenheit. Dafür braucht es Offenheit. Und eben jene Verbundenheit. *Open Your Mind* und *Share*, so stand es als Graffiti an einem Tunneleingang geschrieben, den meine Frau und ich an der amerikanischen Ostküste fotografierten, als wir seinerzeit dort lebten. Dieses Bild wurde zum Titelbild eines aktuellen Fachbuchs zur Neurobiologie des Glücks, nicht ohne Grund: Offenheit für andere Menschen *und* Offenheit für den Wandel gelten heute als beste Garanten einer langfristigen Lebenszufriedenheit. Dazu gehört auch das Anerkennen und Herausbringen der eigenen Potenziale und Stärken, auch jener der Mitmenschen, dazu eine gewisse Neugierde und Flexibilität, aber auch das Fördern und Pflegen von sozialen Kontakten und Freundschaften, wobei, so sagt die Wissenschaft (anders als wir oft gesagt bekommen), schon in jungen Jahren mehr Glück entsteht, wenn wir unsere Mitbürger und *Peers* nicht als Mitbewerber und Konkurrenten, sondern als Kooperationspartner erleben. Und: Alles hat und kommt zu seiner Zeit, frei nach Heraklit. Kann man das trainieren? Ja, natürlich.

Dialektik des Glücks: Wachstum, Reifung, Transformation

Ist Glück gleich Glück? Wohl kaum. Weil schon das, was glücklich macht, wie auch die Wege dorthin, sehr unterschiedlich und individuell sein können. Darüber hinaus gibt es offensichtlich auch einen Transformationsprozess über die Zeit. Und der kann sehr subjektiv sein. So verläuft das Glück dynamisch und zyklisch und das eher heftige Glückserleben des Jugendlichen (beziehungsweise dessen Suche danach) hat mit der Zufriedenheit und Altersweisheit à la Reinhold Messner auf den ersten Blick nur wenig gemein. Und doch operieren sie beide über den gleichen biologischen Mechanismus. Wie kann das sein? Im Kontrast zu dem, was uns die Medien manchmal suggerieren, ist ausgerechnet im Alter ab 65 (und besonders dann mit 75 Jahren) statistisch die Lebenszufriedenheit am größten. Nun sind eben Glück und Zufriedenheit nicht das gleiche, aber das eine geht nicht ohne das andere, auch biologisch nicht! Zwischen diesen beiden Phasen höheren Glückes oder höherer Zufriedenheit in der Jugend und im Alter liegt die öde Wildnis des Lebens der Erwachsenen, der Häuslebauer, Familiengründer, Arbeitenden, Gestressten und Geplagten (die dann etwa in Befragungen auch angeben – anders als wenige Jahre später –, Kinder würden *nicht* ihre Zufriedenheit steigern, was wohl schlicht an der Gesamtbelastung und einem eingeschränkten Blick auf das Ganze liegt). Jene aber dominieren die allgemeine Wahrnehmung und so kommt es, dass wir überrascht reagieren, wenn Studien zeigen, dass ältere Menschen mitnichten emotional flacher reagieren, sondern einfach gelassener sind. Sie reagieren nicht mehr so stark auf Negatives, auf die Nadel im Heuhaufen, sondern – nachweislich – eher auf das Positive, beispielsweise auf freundliche Gesichter: *Responsive Mode* statt *Reactive* Mode. Ganz natürlich, wie die Kleinkinder! (Übrigens ist es kein Naturgesetz, dass Ältere dement sind.) Wird man da nicht stutzig? Auch wenn man sich anschaut, dass die Idee der Verbundenheit (ja, auch die der Hilfebedürftigkeit), genauso wie des scheinbar problemlosen Seins im Jetzt, zwischen Alt und Jung geteilt wird? Verwundert es da noch, wenn wir schon in der Bibel auf das Jesus-Zitat stoßen, das besagt, wir müssten erst wieder werden wie die Kinder, um *ins Himmelreich* zu kommen? Oder bei Rembrandt, dem man den Satz zuschreibt: *Zwischen den jungen und den alten Erdenkindern gibt es eine unsichtbare Verbindung, die ihren Ursprung dort hat, wo das Leben hingeht und wo es herkommt.*

Das rechte Maß zur rechten Zeit. Oder sollen wir jetzt alle einfach zuhause bleiben und abwarten, bis die *Midlife Crisis* vorbei ist? Sicher nicht. Die U-förmige Kurve des Glücks beziehungsweise der Lebenszufriedenheit mit seinem Tal in den 40ern verheißt doch einerseits, dass es wieder besser, ja, noch besser wird, es sich also lohnt, da durchzukommen, und andererseits, dass wir erst unser Ich aufbauen müssen (damit wir etwas haben, weswegen wir gestresst sein können – dann aber auch Erleichterungsglück empfinden können, wenn der Stress nachlässt), damit das Selbst am Ende bewusst und achtsam erlebt werden kann und das Wir wieder in die Gemeinschaft eingehen kann.

Mit anderen Worten: Wenn Hänschen nicht das Elternhaus eines Tages verlassen würde, um in die Welt hinaus zu gehen, dann würde er nicht als Hans zurückkehren, nicht in seinem eigenen Haus ankommen können, im eigenen Hafen vor Anker gehen. Das ist der Preis, den wir alle zu zahlen haben. Aber wir bekommen viel zurück: Im Idealfall Wachstum, Reifung, Erfahrungen, Einpassung, Zufriedenheit, Gelassenheit, Authentizität, Selbstbewusstsein, Beziehungen, Freundschaften, auch: Nachkommen, Kinder, Enkel. Und so langweilig und spießig das jüngeren Menschen vorkommen mag, fragt man aber ältere Menschen nach den wichtigsten Zielen und Lebensquellen, dann antworten sie in Untersuchungen: *Innerer Friede* und das *Weitergeben* von etwas. Man nennt das wissenschaftlich »Generativität«. Wir könnten aber auch »Vermächtnis« sagen.

Epilog

Oft hören wir von der Gegensätzlichkeit der beiden Pole Freiheit und Sicherheit. Von einer Unvereinbarkeit, die zwischen Autonomie, Wachstum und Verbundenheit bestünde. Dabei übersehen wir eine wichtige Dimension: die der Zeit. Alles wandelt sich, so auch wir. Das hat die Biologie so vorgesehen. Die Polarität ist nur eine scheinbare, es gibt vielleicht gar keinen Unterschied zwischen einem gelungenen, glücklichen Leben, das heißt einer tiefen inneren Zufriedenheit, und dem Impuls zu wachsen, dem Bedürfnis nach Freiheit und Potenzialentwicklung. Alles kommt zu seiner Zeit. Das gleiche System bedient beide Aspekte – wie zwei Seiten einer Medaille – und es unterliegt zugleich einem Wandlungsprozess. Grundtöne und Stimmungen können sich ändern, sodass kleinere Zyklen in einen größeren münden, wobei, immer auf einem Kontinuum und niemals schwarz-weiß, verschiedene Klangfarben oder Geschmäcker entstehen, verschiedene Sinne angesprochen werden und unterschiedliche Vorlieben. Aber wir sind dennoch immer ganz. Wir selbst. Ein gelungenes Leben bedarf eben auch des *Yin* im *Yang* – und umgekehrt. Dabei bekommen wir schon in der Jugend einen Vorgeschmack auf das, was kommen könnte. Und verlieren im Alter nie, wie Hermann Hesse das so trefflich beschreibt, den Geschmack und, ja, sicher auch die Sehnsucht nach dem, was möglich wäre, möglich war. Das zu akzeptieren und zuzulassen, auch loszulassen, ist vielleicht die schwerste und wichtigste Übung.

Anmerkungen

1 Vgl. Esch, Tobias; Esch, Sonja M.: *Stressbewältigung mit Hilfe der Mind-Body-Medizin. Trainingsmanual zur Integrativen Gesundheitsförderung.* Berlin 2012.

2 Vgl Esch, Tobias: *Die Neurobiologie des Glücks. Wie die Positive Psychologie die Medizin verändert.* Stuttgart 2011.

Jürgen Dollase
Gut essen
Ein Aufruf zur kulinarischen Selbstbeschränkung

Das Problem

Im kulinarischen Bereich scheint gutes Leben nur noch möglich zu sein, wenn man all die bösen Fakten und immer neuen Hiobsbotschaften so schnell wie möglich verdrängt.

Das gelingt ja auch vielen Menschen, wobei man durchaus den Verdacht haben kann, dass der ein oder andere Zusammenhang nicht vollständig überblickt wird. Wer ein wenig empfindsamer reagiert, hegt ein massives Misstrauen in alle Richtungen – also längst nicht mehr nur gegen Fast Food und industrielle Lebensmittelerzeugung, sondern auch hinsichtlich Bio und ökologischen Heilsversprechungen. Ein Blick auf die Vielzahl der Dinge, die heute verunsichern, stören, das Leben versauern oder einfach nur fatalistisches Kopfschütteln verursachen, ist ernüchternd. Ein Lebensmittelskandal folgt dem anderen, und es scheint sicher, dass das auch in Zukunft so weitergehen wird. Es gibt Bauern ohne jeden Respekt für das Leben der Tiere und ohne Interesse daran, wenigstens eine moderate Balance zwischen kommerziellen Interessen und moralischen Kategorien herzustellen. Die größten von ihnen praktizieren eine Massentierhaltung, die so pervers ist, dass man wieder beginnt, dem Menschen auch in den angeblich zivilisierten Nationen grundsätzlich alles zuzutrauen. Diese Täter wiederum schieben – ungeachtet ihres florierenden Gewerbes – die Schuld auf Verbraucher, die nicht bereit seien, adäquate Preise für besser produzierte tierische Produkte zu zahlen. Man sieht sich um und stellt fest, dass die Billigkäufer mitten aus der Gesellschaft stammen, also auch aus denjenigen Schichten, in denen man auf Qualität achtet und gehobene Ansprüche demonstriert. »Aldi 100« nannten Spaßvögel schon vor Jahren den Audi 100, weil sich so viele Fahrzeuge dieser Marke auf den entsprechenden Parkplätzen fanden.

Selbst von Anti-Fleisch-Kampagnen mögen viele Leute nichts mehr hören, weil gerade im kulinarischen Bereich das Geschäftsmodell »Empörung« mit unter Umständen Millionen verkaufter Büchern so Erfolg versprechend ist. Da wächst schnell das Misstrauen gegen die wahren Motive. McDonald's und die großen Fleischfabrikanten können sich jedenfalls beruhigt zurücklehnen: Lasst sie ruhig ihre Sau durchs Dorf treiben, das legt sich, das hat keinerlei Substanz, die uns gefährlich werden kann. Wir warten einen Moment, gestalten unsere Kampagnen etwas grünlicher und machen ansonsten weiter wie bisher. Die Fast-Food-Umsätze steigen kontinuierlich, weil diese Art des Konsums immer noch von der Mitte der Gesellschaft gestützt wird. Wenn die SPD »Currywurst ist SPD« als Slogan benutzt, findet das nach wie vor Zustimmung, obwohl diese Formulierung von solcher Dummheit zeugt, dass es schon schmerzt.

Die Bevölkerung verfettet unterdessen zunehmend. Bleibt man auf einer belebten Straße stehen, wird man selten einen Passanten über 50 sehen, der nicht deutlich zu dick ist, ebenso Kinder und Jugendliche, für die das Gleiche gilt. Apropos Kinder: Ihr kulinarisches Bildungsniveau ist auf einem nicht mehr zu unterbietenden Tiefststand angekommen. Sie stopfen Industrienahrung in sich hinein, ignorieren alles andere, sie kennen noch nicht einmal ansatzweise das, was angeboten wird (»Seezunge? Nie gehört!«), und reagieren wie auf Entzug, wenn man ihnen das Lieblingsessen wegnimmt. Als sich in Großbritannien einmal Jamie Oliver an die Verbesserung des Schulessens zugunsten gesünderer Ernährung machte, reichten die Mütter den armen Kleinen die Hamburger über den Zaun. Wer sich beim Discounter einmal an die Kasse stellt und versucht, die Einkäufe anderer einzuordnen, bekommt das Elend noch deutlicher vorgeführt. Sagen wir es so: Für Süßigkeiten, fette Snacks und Zigaretten scheint immer Geld da zu sein. Dabei geht es bei Weitem nicht nur um sozial schwächere Schichten, die man in diesem Zusammenhang durchaus als Opfer einer gesellschaftlichen Situation sehen kann, in der scheinbar kulturtragende Schichten weitgehend versagen. Die legalisierten Fressorgien der gutbürgerlichen Küche mit ihren Riesenportionen werden kaum kritisiert, obwohl die verformten Körper der Gäste eine klare Sprache sprechen. »Oberhalb« dieser Schicht – zumindest im Selbstverständnis – finden wir eine geradezu grauenhaft halbgebildete »gehobene« Mittelschicht, die sich gerne als dem feinen Schmecken zugetan sieht, aber nicht merkt, dass sie in ihrer intellektuellen Erstarrung den Kern des Übels darstellt beziehungsweise zum Mittelmaß dazugehört. Mit ihrem scheinbar »gesunden« Menschenverstand betreibt sie eine dauernde Relativierung der kulinarischen Werte, die zu den entscheidenden Ursachen für die allgegenwärtigen Probleme gehört. Qualität ist einfach nicht teilbar oder relativierbar. Und auch diese Schicht liebt eben das Preis-Leistungs-Verhältnis (im Endeffekt eine Spirale, die Qualität nach unten schraubt), sie hält Spitzenküche für eine Art perverse Entwicklung (obwohl ihr Lieblingsessen in etwas flotteren Bistros und Restaurants ununterbrochen von den Ideen der Spitzenküche profitiert), oder sie besteht auf ihrem privaten Geschmack als einzigem wirklichem Kriterium (als ob es keine kulinarische Sozialisation gäbe). Sie sieht sich als Opfer von Manipulationen der Industrie, obwohl sie eigentlich zu den Tätern gehört, die all das erst möglich machen. Ihr Gedankengut versorgt zum Beispiel auch die Redaktionen vieler TV-Sender, die dann mit einer Art projektivem Trivialismus (man kann nur das gut finden, was im Bereich seiner entsprechenden Kenntnisse liegt) an das Thema herangehen und das Land mit albernen Kochshows ohne jeden Nutzen überziehen. Selbst Kulturressorts gehören oft in diese Sparte, weil sie – mangels besseren, aber längst vorhandenen Wissens – das Kulinarische für intellektuell nicht befriedigend halten.

Und natürlich kann man sich auch über die Spitzenköche aufregen, dabei nicht nur über die, die das Geschäftsmodell »Fernsehkoch« für sich entdeckt haben. Es ist noch nicht so lange her, da unterstellte man den Köchen so etwas wie ein kulinarisches Äquivalent des hippokratischen Eides: Es schien ganz sicher, dass sie ausschließlich das Wohl des Menschen im Auge hatten. Heute haben wir viele kommerzielle Köche ohne eine überzeugende kulinarische Moral und viele hervorragende Meister ihres Faches, die in einer eigenen Welt zu leben scheinen. Sie müssen sich längst den Vorwurf anhören, sie würden sich in einem völlig unakzeptablen Ausmaß aus der Verantwortung stehlen. Müssten nicht gerade sie, die ihr Fach so gut beherrschen, auch einen substanziellen Beitrag zum Wohle der Allgemeinheit leisten?

Gibt es einen Ausweg aus all diesen Ärgernissen, einen Weg, gut zu leben und gleichzeitig tragfähige, sinnvolle und fruchtbare Beziehungen zwischen allen möglichen kulinarischen Determinanten zu entwickeln?

Wenn man über die Details der verständlichen Erregung hinausgeht, ergibt sich eine Reihe von grundsätzlichen Feststellungen:

◆ Man kann den Eindruck gewinnen, die Politik, also in erster Linie die für den Verbraucherschutz, die Landwirtschaft und die Gesundheit zuständigen Politiker, doktere nur an Symptomen herum, sei aber nicht an Fortschritten interessiert, die grundsätzliche Veränderungen im Verhältnis des Menschen zum Kulinarischen bringen könnten.

◆ Das Ausmaß an *culinary pollution*, also an den von der Ernährung im weiteren Sinne erzeugten Schäden an Mensch, Umwelt und Gesellschaft, wird unterschätzt. Viele Bürger regen sich mittlerweile über jede Zigarettenkippe auf der Straße, über wild entsorgten Müll oder selbst Hundekot im Wald auf. Die Zerstörungen, die durch die kulinarische Umweltverschmutzung angerichtet werden, sind um ein Vielfaches schwerwiegender. Man denke da nur an Zusammenhänge wie den zwischen intensiver Viehzucht und den Problemen mit der Entsorgung der Gülle oder an die radikale Reduzierung von Fischbeständen inklusive der Zerstörung der ökologischen Bilanz.

◆ Eine verhängnisvolle Rolle spielt vor allem die technokratische Sicht auf die Ernährung, die Qualität über eine Art gesundheitliche Unbedenklichkeit definiert. Sie ist einer der Hauptfaktoren für das Fehlen eines tragfähigen, immer auch genussorientierten kulinarischen Qualitätsbewusstseins.

◆ Folgenschwer ist auch der weitverbreitete Wertrelativismus. Wir finden ihn allerdings nicht nur bei den Preis-Leistungs-Denkern, sondern beispielsweise auch bei Bewegungen wie »Slow Food«, die ebenfalls Probleme mit einer offenen Qualitätsdefinition haben und zum Beispiel die Bemühungen der Spitzenküche oft ausklammern.

◆ Die Kräfte, die den Fortschritt zu einer klaren, in allen gesellschaftlichen Instanzen umgesetzten kulinarischen Wertorientierung behindern, sind zu einem beträchtlichen Teil die gleichen, die sich scheinbar intensiv für gutes Essen einsetzen. Tatsächlich bedienen sie oft partikuläre Interessen, die von weltanschaulichen oder Lifestyle-Überlegungen bestimmt sind.

◆ Die Wissensdefizite im kulinarischen Bereich sind so gigantisch, dass man von einem verbreiteten kulinarischen Analphabetismus reden muss.

◆ Ein Beharren auf der Wahlfreiheit und Individualität des kulinarischen Verhaltens (»das ist Geschmackssache«) zeugt von einer geradezu absurden Naivität. Sie negiert die individuell höchst unterschiedlichen Auswirkungen der kulinarischen Sozialisation und die Bedeutung des kulinarischen Wahlverhaltens für die Gesellschaft.

In einer komplexeren Sicht kann »gut leben« in einer wirklich zivilisierten Gesellschaft nur von einem Individuum umgesetzt werden, das sich seines Handelns in jeder Beziehung bewusst ist und Mittel und Wege findet und erlernt, individuellen Genuss mit einem gedeihlichen Zusammenleben in Übereinstimmung zu bringen. Jeder Versuch, in diesem Sinne wirkliche kulinarische Fortschritte zu machen, muss beim Individuum beginnen.

Die letzte legale Sucht

Um wichtigen Problemen des Menschen mit dem Kulinarischen auf die Spur zu kommen, ist es aufschlussreich, einmal sozusagen die Gegenrichtung zu grundsätzlichen philosophischen Erörterungen einzuschlagen. Es geht hier zuerst einmal um einen Blick auf den Körper und um die These, dass das Essen in der Form, wie es die meisten Bewohner der sogenannten zivilisierten Länder betreiben, die letzte legale Sucht ist.

Noch dürfen alle alles machen, sie dürfen sich mit allem abfüllen, was auf dem Markt ist, sie dürfen Unmengen zu viel essen und Dinge zu sich nehmen, die zu großen gesundheitlichen Problemen führen können. Wie groß das Suchtpotenzial von Essen ist, mag man daran erkennen, dass es vielen Menschen anscheinend leichter fällt, auf das Rauchen zu verzichten, als ihr Körpergewicht zu reduzieren. Das Essverhalten ist, was die Mengen angeht, oft unkontrolliert, und obwohl sich schon nach wenigen Bissen ein Sättigungsgefühl einstellt, essen wir weiter – im Grunde triebhaft und nicht unbedingt ein Beweis dafür, dass das Tier frisst und der Mensch isst.

Anders als landläufig eingeschätzt wird, finden wir dieses Verhalten nicht nur in den sozial schwachen, sondern natürlich auch in anderen Schichten und – ein interessanter Nebeneffekt – auch im Bild des gesellschaftlich geschätzten »Genießers«, der im Prinzip nichts anderes tut, als seinem Suchtverhalten ein kulturelles Mäntelchen umzuhängen.

Was würde eigentlich passieren, wenn es im Gesundheitswesen eines Tages ein Verschuldensprinzip bei der Kostenbeteiligung gäbe? Wenn also – wie auch immer – ermittelt würde, dass der geschätzte Krankenkassenkunde ganz offensichtlich Missbrauch mit seinem Körper treibt und deshalb erhöhte Selbstbeteiligungen zahlen müsste? Es ist dabei nicht die Frage, ob vielen Leuten das die Sache wert ist. Der wirklich interessante gesellschaftliche Effekt würde dort eintreten, wo durch eine solche Diskussion ein unkontrolliertes, suchtartiges Essverhalten den gesellschaftlichen Makel eines nicht so recht zuverlässigen und belastbaren Charakters bekommt. Wenn sich schon jemand beim Essen nicht unter Kontrolle hat, was hat er dann sonst auch nicht im Griff? Wenn es einmal in absehbarer Zeit – was sicher erscheint – zu einer solchen Entwicklung kommt, könnte das gigantische Folgen für alle möglichen gesellschaftlichen Bereiche haben, zum Beispiel bei allen Bewerbungen und Kandidaturen, bei denen Selbstkontrolle eine große Rolle spielt.

Sagt uns der Körper das Falsche oder hören wir nur nicht richtig zu?

Es ist offensichtlich, dass der Körper uns – vorausgesetzt wir essen das, was wir auch essen wollen – vor allem signalisiert, dass es ihm gut geht. Es schmeckt uns, und wir nähern uns dem Zustand des wohlig sein Bäuerchen machenden Babys. Selbst der Alkohol versetzt uns erst einmal in einen erfreulichen Zustand, den wir – wenn wir zum Beispiel in angemessener Zeit nach dem Essen ins Bett gehen – noch voll auskosten können, ohne die Phase der körperlichen Belastung wirklich wahrzunehmen. Unsere Blutwerte jedenfalls teilt uns der Körper nicht mit – ganz im Gegenteil. Selbst mit zu hohem Blutdruck werden wir uns bis kurz vor einem ernsthaften gesundheitlichen Problem noch ziemlich gut fühlen können.

Wenn es darum geht, den Körper beim Essen als Kontrollinstanz einzusetzen, der ausschließlich das zulässt, was wir schon immer gern gegessen haben, funktioniert er vorzüglich. Er prüft die Optik, bemerkt vielleicht einige ungewollte, schwabbelige Texturen oder nimmt einen Geruch war, der ihm nicht passt, und schon entscheiden wir uns gegen dieses Lebensmittel. Dass diese Dinge unter Umständen gesundheitlich völlig unbedenklich sind, sagt uns der Körper nicht. Ist er nur ein dummes Werkzeug unseres Kopfes, das uns dabei hilft, kindlich-kulinarische Prägungen endlos zu wiederholen – ohne Sinn und Verstand?

Nein, der Körper und seine Sinne sind schon in Ordnung. Das Problem ist, dass wir eine Reihe von gravierenden »Fehlschaltungen« mit uns herumschleppen und diesen eklatanten Mangel, der enorme gesellschaftliche Auswirkungen haben kann, auch noch offensiv vertreten. Der Körper ist ein tolles Instrument. Aber wir müssten sehr viel genauer auf seinen Klang hören und es viel differenzierter einsetzen.

Kopf oder Bauch? Es ist immer der Kopf

Es gehört zu den Standards der Diskussionen rund ums Essen, dass man es ständig mit Emotionen – oder besser Assoziationen – verknüpft und diese Verknüpfung zu einem der wichtigsten Kriterien für gutes Essen macht. Das fängt bei der Industrie an, die ihre minderwertige Massenware mit ländlichen Namen und idyllischen Bildern verkauft. Es geht weiter bei der schlimmen, kulinarisch bei genauerer Betrachtung kaum gebildeten Schicht der Toskana-Fraktion mit ihren »ehrlichen« Essen und endet nicht in der Spitzenküche, wo ältere Köche versuchen, ihre alten Vorlieben irgendwie mit allerlei Außerkulinarischem anzureichern, um sich von neueren Ideen abzusetzen. Dabei zeigen alle diese Dinge nur eines, dass nämlich der gemeinsame Nenner der Kopf und nicht der Bauch ist. Da kann man machen, was man will: Jede kulinarische Entscheidung und das komplette kulinarische Erleben werden vom Kopf bestimmt. Er verwaltet den großen Speicher mit den Informationen, die uns individuell zur Verfügung stehen. Das Problem ist, dass wir ihn normalerweise in einer Art Automatik-Modus betreiben und das Programm, das diese Automatik bestimmt, entweder gar nicht kennen, nicht reflektieren oder noch nie reflektiert haben.

Natürlich können wir in den Körper hineinhören, seine Reaktionen beobachten und vor allem überhaupt einmal die Werkzeuge benutzen, die er uns zur Entschlüsselung der Welt zur Verfügung stellt. Wir könnten also durchaus feststellen, dass er nach drei Gabeln Bratwurst mit Kartoffelpüree und Sauerkraut eigentlich schon satt ist. Nur müssten wir dazu aktiv den Kopf zuschalten. Wenn wir das in Erwägung ziehen würden, könnten wir erstaunliche Feststellungen machen.

Gut leben I – Die neue Sinnlichkeit

Wenn man sagt, dass viele Dinge rund um das Essen sinnlicher werden müssen, bekommt man normalerweise Beifall von der völlig falschen Seite. Ob wir Essen oder die Art und Weise, wie man mit dem Essen umgehen könnte, zum Beispiel als erotisch empfinden oder nicht, hat mit der spezifischen Mahlzeit nichts zu tun. Wir könnten auch Pommes frites mit Mayonnaise auf einem nackten Körper drapieren und ohne Besteck zu uns nehmen. Kurz: Alle Instrumentalisierungen des Essens in irgendwelchen als »sinnlich« erlebten Zusammenhängen haben mit der neuen Sinnlichkeit, die hier gemeint ist, nichts zu tun. Es geht vielmehr darum, unsere sinnliche Wahrnehmung im Zusammenhang mit dem Essen in ihrem ganzen Umfang zu entdecken, zu nutzen und auszuweiten. Hirnforscher in Italien haben Sommeliers während des Probierens von Wein per Computertomografie untersucht und festgestellt, dass Gehirnregionen intensiv aktiviert waren, die der Normalbürger üblicherweise nicht nutzt. Auch andere Informationen, wie etwa die Beobachtung der Fähigkeiten diverser Profis im kulinarischen Bereich, legen die Erkenntnis nahe, dass uns für die kulinarische Wahrnehmung noch enorme Kapazitäten zur Verfügung stehen.

Im Kern der neuen, erweiterten Nutzung unserer Sinne steht ein »Hinschmecken«, wie es die meisten vielleicht schon einmal bei einer Weinprobe in Ansätzen kennengelernt haben. Es ist die Konzentration auf das, was unsere Sinne uns beim Essen mitzuteilen haben und damit das komplette Gegenteil zu dem üblicherweise ablaufenden Automatismus, der nur einen schnellen Abgleich mit den jeweiligen Vorlieben und dem meist eher bescheidenen Vorrat an Informationen kennt. Wir können zum Beispiel Beobachtungen zur Produktqualität, Vorbereitung der Produkte, Garung, Aromatisierung, Variation der Aggregatzustände (Texturen und Temperaturen) oder zur kulinarischen Konstruktion machen. Weil auch noch jedes Element beziehungsweise Produkt eines Gerichts im Mund einen spezifischen zeitlichen Verlauf (»Geschmackskurve«) hat, ergibt sich eine quasi unendliche Anzahl von Variablen bis hin zu der Möglichkeit, räumliche Geschmacksbilder zu erleben. Viele von diesen Beobachtungen sind zunächst weitgehend »demokratisch«, also unabhängig von größerem Vorwissen; im Prinzip kann sie jeder machen. Wir können sodann diese Beobachtungen stärker mit unserem Vorrat an Informationen verknüpfen und einen Zusammenhang zwischen eher objektiven und eher subjektiven Einschätzungen herstellen. Wir können auch – im Falle von dezidierten Ablehnungen zum Beispiel bestimmter Aromen, Texturen oder auch Produkte – vorzüglich darüber nachdenken, wie es zu diesen »Informationsverarbeitungen« kommt, und ob sie gegebenenfalls wirklich im engeren Sinne kulinarisch bestimmt sind. Wir können schließlich aus der Verknüpfung der verschiedenen Beobachtungen und Informationen auch in den Bereich der Qualitätskriterien und Bewertungen vordringen. Es wird sich dabei zeigen, dass die größere Nähe zum Objekt der Nährboden für ein viel intensiveres Erleben und damit auch intensiveren Genuss ist. Entscheidend für das Essen der Zukunft ist aber, dass mit der größeren Sensibilität gegenüber den möglichen Wahrnehmungen auch Produkte und Zubereitungen interessant werden, die nicht unbedingt zum klassischen Kanon der Luxus- oder Spitzenprodukte oder auch der bekannten Problemnahrungsmittel gehören.

Gut leben II – Die neue Sinnlichkeit bringt Wissen

Die neue Sinnlichkeit ist in der Lage, gegenüber der üblichen Praxis des Umgangs mit dem Essen ein Vielfaches an Informationen zu generieren. Im Grunde negieren viele Esser, dass das Essen überhaupt Informationen transportiert. Tatsächlich steckt es voller Mitteilungen, weil es Teil eines kommunikativen Prozesses ganz im Sinne der klassischen Kommunikationslehre ist (Sender – Botschaft – Empfänger). Die sinnliche Wahrnehmung in diesem Verständnis führt in einer ganz logischen Entwicklung zu mehr Wissen und zu einer stark veränderten Strukturierung des kulinarischen Alltags. Wo noch manche angebliche Feinschmecker in Jahrzehnten kaum mehr Wissen angehäuft haben als etwa die Kenntnis der Existenz mehrerer verschiedener Olivenölsorten und Fleurs de Sel, ergibt sich beim bewussten Esser so etwas wie die Entwicklung einer neuen Sprache. Er lernt, sich in einem Feld zu bewegen, das ihn täglich beschäftigt, und das eine enorme Bedeutung für seine individuelle wie für die gesellschaftliche Entwicklung hat. In kaum einem Bereich kann Wissen das Verhalten so sehr verändern wie beim Essen.

Gut leben III – Wissen ist der Nährstoff für mehr Genuss

Im alten System ist im Prinzip der Genuss dann am größten, wenn das Essen perfekt zu den Macken des Individuums passt, um es einmal etwas salopp zu formulieren. Es interessiert nicht, was man für merkwürdige Vorlieben und Verhaltensweisen hat, es ist nur wichtig, dass man selber damit – scheinbar folgenlos – glücklich wird. Mittelschichtige Esser reden dann gerne von großen emotionalen Erlebnissen, haben aber dem hart körperlich Arbeitenden, der nach einem anstrengenden Arbeitstag seine Currywurst rot-weiß genießt, eigentlich rein gar nichts voraus. In diesen Zusammenhängen wird übrigens jedes etwas detailliertere Eindringen in die Problematik gerne mit einer

»Verkopfung« des Essens brüsk abgelehnt. Tatsächlich ist das Gegenteil der Fall: Mehr Wissen, das durch die Intensivierung des Esserlebnisses mit allen emotional-assoziativen Verknüpfungen erzeugt wird, bringt eben auch einfach einen intensiveren Genuss, als sich das manche Redundanzesser »von außen« vorstellen. Der »Zustand der reinen Degustation«, also die Verschmelzung von komplexer sinnlicher Wahrnehmung und Emotion, ist ein wunderschönes Ereignis voller Tiefe und Unmittelbarkeit – wobei unklar bleibt, welche grandiosen Wahrnehmungen der Mensch im kulinarischen Bereich noch entwickeln wird.

Gut leben IV – Konsequenzen: Aufforderung zur kulinarischen Abrüstung

Wenn also der gut lebende Mensch seinen Körper als Werkzeug erkannt hat, das ihm in ständiger Rückkoppelung mit Intellekt wie Emotionen wunderbare kulinarische Erlebnisse verschaffen kann, bleibt natürlich die Frage nach den konkreten kulinarischen Objekten. In dieser Frage wird man kaum etwas so akzeptieren können, wie es sich im Moment darstellt – zumindest nicht im Bereich bekannter Formen der Ernährung. So, wie sich der Gutlebende einer Revision seines kulinarischen Verhaltens unterziehen sollte, sollte auch das kulinarische Angebot in vielen Teilen verändert werden. Natürlich geht es um gut erzeugte Produkte, um Lebensmittel, die jedwedem ökologischen oder gesellschaftlichen Anspruch standhalten können. Aber man muss noch tiefer in die Materie gehen, um das Essen mit dem neuen Bild des Gutlebenden synchronisieren zu können.

Eine der wichtigsten Voraussetzungen ist eine Art aromatische Abrüstung. Wir haben uns viel zu sehr an ein völlig überwürztes Geschmacksbild gewöhnt. Bei den TV-Köchen können wir sehen, dass oft jedes Element eines Gerichts mit Salz und Pfeffer überzogen wird. Diese Überwürzung, die einem ominösen »kräftigen« Geschmacksbild nachjagt, ist ein Grundübel unserer kulinarischen Zivilisation, weil sie nicht nur vereinheitlicht, sondern auch die Wahrnehmung derjenigen Zutaten, die ein zarteres, zurückhaltenderes Aromenspektrum haben, unmöglich macht. Was wir als »fade« empfinden, mögen wir nicht.

Dass wir durch unsere Vorstellungen vom kräftigen Geschmack das uns zur Verfügung stehende Spektrum an Produkten radikal reduzieren und viele Zubereitungen ausschließen, ist vielen gar nicht klar. Den meisten ist nicht bewusst, wie weit wir mit unserer Vorliebe für »kräftigere« Aromen der Industrie in die Fänge geraten sind, die auf diese Weise regelrechte Abhängigkeiten erzielt. Kinder und Jugendliche, die zum Beispiel mit den völlig überwürzten Fast-Food-Soßen groß geworden sind, können natürliche Aromen oft nicht mehr wahrnehmen. Da schmeckt dann plötzlich eine wunderbar reife Erdbeere »nicht genug nach Erdbeere«. Für das gute Leben der Zukunft brauchen wir einen sensiblen Umgang mit den Dingen, der wesentlich natürlicher und feiner ist und mit diesen Eigenschaften neue kulinarische Welten öffnet.

Was da auf den Esser zukommt, erfordert für viele Menschen ein gewaltiges Umdenken.

Man kann das Ausmaß der Veränderung vielleicht mit einem einfachen Beispiel erläutern: Wenn es Ihnen ein Anliegen ist, in Zukunft gut zu leben und sich gleichzeitig in einer möglichst großen Harmonie mit tragfähigen gesellschaftlichen (oder auch im weiteren Sinne moralischen) Vorstellungen zu befinden, sollten Sie an folgendem Gericht sehr viel Freude haben und das Gefühl bekommen, eine exquisite Küche genossen zu haben. (Es geht auf eine Anregung aus dem Nürnberger Restaurant »Essigbrätlein« zurück.) Sie bekommen also eine Variation vom Wirsing, die im Wesentlichen nur aus Wirsing besteht. Anders als üblich, wo meist nur die entgrateten Blätter eine Rolle spielen, wird er aber in allen Teilen verarbeitet, und er wird auch nicht mit Fleisch gefüllt. Deutlich anders als sonst üblich bekommen Sie neben pochierten Blättern auch die angerösteten Grate, weil sie so hervorragende Röstnoten entwickeln. Es geht weiter mit Stücken vom

Strunk, die Sie an Spargel erinnern werden. Dann ein Wirsingsaft von angeröstetem Wirsing und ein warmes Gemüse von den Blättern, mit nur ganz knapp gegarten Blättern gefüllte, kleine Kohlrouladen, die mit vorgeschmorten Blättern umwickelt werden und das Aroma der traditionellen Kohlroulade mit der Frische des fast unbehandelten Kohls verbinden. Als Würze gibt es vielleicht etwas pulverisierte Wirsingasche und für die räumlich-kontrastierenden Akkorde ein Wirsingeis. Für einen Esser, der sich seiner Sinne wirklich bedient und differenzierte Geschmackserlebnisse schätzen gelernt hat, ist so etwas ein ausgesprochen spannender Genuss. Er kann gut damit leben und wird ein solches Gericht – vorausgesetzt, es ist in handwerklich hervorragender Form zubereitet – unter Umständen selbst einem klischeehaften Gericht der »alten« Spitzenküche mit Foie gras, Kaviar oder getrüffelter Bresse-Poularde vorziehen. Dann ist auch keine Frage, dass er auf bedrohte Fischarten oder auf umstrittene Zutaten, wie etwa Stopfleber, Froschschenkel etc., verzichten kann.

Gut leben V – Der neue Genießer

Der kulinarisch sensibilisierte Mensch richtet seine Aufmerksamkeit nicht nur auf Neues und Differenziertes, sondern auch gegen Altes, Schlechtes, Industriell-Überzüchtetes oder sonst Überzogenes, wie zum Beispiel gegen die Unsitte, wegen eines lächerlichen Zartheitskultes Tiere in allerfrühesten Tagen zu töten. Fertiggerichte fast jeder Art werden ihm zuwider sein. Er wird kein Fast Food essen wollen, weil ihn in kürzester Zeit die Manipuliertheit des Geschmacksbildes anekelt. Er wird die typischen Fressorgien der sogenannten gutbürgerlichen Küche mit riesigen Portionen, die »ihr Geld wert sind«, genauso ablehnen wie die Dessert-Exzesse vieler Restaurants der Spitzengastronomie, die mit ihren Zuckerfluten jeden Geschmacksnerv betäuben. Er wird die Albernheiten der kulinarischen TV-Unterhaltung endgültigen durchschauen und in den Wertrelativierungen aller Art Selbstbetrug oder eine Steuerung durch nicht kulinarische Interessen erkennen. Der neue Genießer wird vor allem nicht mehr besonders dick werden – was allerdings eher eine natürliche Folge seines »Entzugs« von Industriellem und alten Klischees ist als eine besondere Kasteiung. Kurz: Der neue, gut lebende Genießer wird eine Balance gefunden haben, die ihn im Einklang mit der Welt leben lässt – undogmatisch, offen, freier und immer auch positiver in seiner gesellschaftlichen Funktion.

Gut leben VI – Zum Beispiel die Nova-Regio-Küche

Die Ideen und Rollenmodelle für das gute kulinarische Leben der Zukunft gibt es schon seit einiger Zeit. Sie sind nur noch nicht so recht bekannt oder werden bisher nicht als prägend erkannt. René Redzepi vom Restaurant »Noma« in Kopenhagen kennt man vielleicht als Nummer eins der Kochwelt in dem umstrittenen britischen Ranking »The World's 50 Best Restaurants«. Darüber hinaus ist er vielleicht noch als Vertreter einer neuen skandinavischen Küche bekannt, die vorwiegend mit heimischen Beeren und Wurzeln arbeitet. Mittlerweile gibt es für diesen Ansatz den Begriff »Nova-Regio-Küche«, den ich in Abstimmung mit Redzepi vor etwa zwei Jahren eingeführt habe. Das wichtigste Merkmal dieser Küche ist die neue Sicht auf regionale Ressourcen. Statt sich ausschließlich an beliebigen, unreflektierten regionalen »Traditionen« zu orientieren, fragt die Nova-Regio-Küche vor allem nach den tatsächlichen Ressourcen einer Region im weiteren Sinne. Sie propagiert eine Küche, die ihre Zutatenliste nicht aus im luftleeren Raum entstandenen Ideen zieht, sondern mit dem arbeitet, was – vor allem unter ökologischen Gesichtspunkten – im wahrsten Sinne des Wortes nahe liegend ist. Weil viele der typischen Produkte der »alten« Küchen nicht überall zur Verfügung stehen, bemüht man sich gezielt um eine neue Sicht auf die Produkte einer Region. Man sucht nach Lebensmitteln, die man bisher übersehen hat, und nimmt vor allem die vorhandenen Produkte in ihrem ganzen kulinarischen Potenzial wahr (siehe das Beispiel mit dem Wirsing). Auch wenn sich viele Leute kaum vorstellen können, wie man denn mit solch scheinbar »kargen« Ressourcen leben soll: Die bereits existierenden Beispiele lassen in ihrer ganzen Vielfalt, ihrem Einfallsreichtum, ihrer Natürlichkeit, ihrer auch unter strengen Gesichtspunkten hohen kulinarischen Qualität und ihrer ökologischen Konsequenz nur das Allerbeste erwarten.

In dieser Küche steckt revolutionäres Potenzial, weil sie in das tägliche Leben von der häuslichen Küche über die einfacheren Restaurants bis zu den Angeboten des Handels ausstrahlen kann – sensibler, einfacher und gleichzeitig viel differenzierter, näher am Menschen und seinen Möglichkeiten der Wahrnehmung.

Ein paar Namen zur Inspiration:
René Redzepi,»Noma«, Kopenhagen;
Michael Hoffmann,»Margaux«, Berlin;
Kobe Desramaults,»In de Wulf«, Dranouter/Belgien;
Heinz Reitbauer jr.,»Steirereck«, Wien;
Matthias Schmidt,»Villa Merton«, Frankfurt am Main;
Andree Köthe/Yves Ollech,»Essigbrätlein«, Nürnberg.

Peter Berner
Neues Wohnen
Anders leben als gewohnt –
Vom Glück in Stadt und Heim

»Ich würde gern mal versuchen, eine Minute lang nur zu
wohnen. Denn Wohnen ist eine sonderbare Tätigkeit«,
hat der deutsche Schriftsteller Max Goldt einmal geschrieben:
»Man wohnt und wohnt und merkt es nicht. Wohnen ist
juristisch das, was biologisch atmen ist, obgleich man seinen
Atem doch manchmal zur Kenntnis nimmt, wenn man sich
verschluckt oder nach der Bahn rennt. Wohnen müsste
ein Geräusch machen, knacken oder leise singen, damit es
als Aktion bemerkbar würde.«[1]

La dolce vita, das süße Leben, hat für jeden Menschen einen anderen
Geschmack. Allen gemein ist aber, dass zum »guten Leben« das »gute
Wohnen« an allererster Stelle dazugehört. »Wohnen« ist ein unüber-
setzbarer Begriff. Im Englischen gibt es ihn nicht. Zwischen Wohnen
und Leben wird dort nicht unterschieden, die Begriffe werden syno-
nym gebraucht. *To live* meint sowohl »leben« als auch »wohnen«. Wohnen also nur die Deutschen? Durch eine gute Wohnung ein gutes Leben
zu ermöglichen, bleibt die fundamentalste Aufgabe der Architektur.
Und zum guten Wohnen bedarf es »guter Architektur« – und mit der
beschäftigt sich mein Berufsstand –, ohne deswegen zwingend eine
Definition parat zu haben, was diese Qualität genau ausmacht. »Eine
schlechte Wohnung macht brave Leute verächtlich«, wusste schon
Goethe, und dass man »mit einer Wohnung auch einen Menschen erschlagen kann«, war ein Diktum des 19. Jahrhunderts, das der Berliner
Maler Heinrich Zille geprägt hat. Gemünzt war dies auf die menschen-
unwürdigen Wohn- und Lebensbedingungen in den Berliner Miets-

kasernen. Wie wichtig das gute Wohnen ist, darüber besteht also mehr Konsens als über die Kriterien für gutes Wohnen. Wohnvorstellungen sind individuell und Inbegriff subjektiver Lebensqualität. Wer über diese Qualität nachdenkt, kommt schnell zur räumlichen Disziplin, denn der Architekt als Organisator des privaten, aber auch gesellschaftlichen Lebens, schafft Räume. Wohnen als »Wohnkultur«, wie wir es heute verstehen, verdanken wir dem 19. Jahrhundert, dem Zeitalter der Industrialisierung, als erstmals eine Mehrzahl der Bürger ihren Arbeitsplatz weitab des Wohnorts hatte, in Fabriken oder Werkstätten, und als die Wohnung zu dem Ort wurde, an dem man nach dem Feierabend zurückkehrt, der somit auch als intimer Rückzugsraum dient. Denn zum Wohnen gehören Funktionen, die dezidiert privat und deshalb aus dem öffentlichen Raum verbannt sind: Schlafen, Körperpflege, der Austausch von Zärtlichkeit und Sexualität, das Aufbewahren von persönlichen Gegenständen und natürlich auch das Kochen. Zu Hause wurde nicht mehr gewerblich gearbeitet, sondern erstmals ausschließlich gewohnt! Die heimische Wohnung wurde so zum Gegenstück der »Welt da draußen«.

Heidegger und IKEA: Wohnen ist Identifikation

Das Wohnen, um das es mir hier geht, führt in mindestens zweierlei Hinsicht über diese Anschauung hinaus: Räumlich interessiert mich das »Wohnen außerhalb der Wohnung« ebenso wie inhaltlich das Wohnen im übertragenen Sinne, als »Leben an einem Ort« und »Verwurzelung«. Die Wohnung als »räumlicher Lebensmittelpunkt« ist für viele Menschen Heimat. Der umstrittene deutsche Philosoph Martin Heidegger hat in seiner Analyse des Wohnens die Beziehung zwischen Ding, Zeug und Kunstwerk und damit die Spannung zwischen Welt und Erde dargestellt. Für Heidegger ist ein Gebäude ein Ding (oder auch Zeug), das sich zu einem Werk ausgrenzt, indem es eine Selbstbezüglichkeit erhält. In seinem Artikel über »Bauen Wohnen Denken« (1951/2009) stellt Heidegger »Gebäude als Vermittler zwischen Mensch und Welt« dar. Für Heidegger gibt es drei unterschiedliche Verständnisse von Wohnen: Zunächst die Wohnung als »Unterkunft«, aber auch »Brücken, Markthallen oder Autobahnen« können wir bewohnen, denn Wohnen heißt für ihn, zu Hause sein. Es ist ein Akt der Aneignung. Bauen ist für Heidegger nur das Mittel zum Zweck des Wohnens, Wohnen hingegen die »Art und Weise, nach der wir Menschen auf der Erde sind«. Wohnen heißt, sich der Natur, wie auch sich die Natur anzupassen. Für Heidegger ist das Wohnen nicht nur »ein Aufenthalt bei den Dingen«, es verwahrt vielmehr die Grunddimensionen menschlichen Seins.

»Wohnst du noch oder lebst du noch?«

Wohnen ist für uns existenziell. Wenn die Wohnung zu einem lebenswerten Zuhause werden soll, muss sie ein zentraler Ort sein, um den herum ein Mensch seine Aktivitäten organisiert, mit dem er verwurzelt und an den er emotional gebunden ist: ein Ankerpunkt, von dem aus er die Umwelt erkunden kann, weil er weiß, dass er jederzeit dorthin zurückkehren kann. Das Zuhause ist ein Ort, über den man Kontrolle hat und den man gestalten kann. Wohnen braucht mehr als nur ein Dach über dem Kopf. Das Zuhause ist wichtig für die Entstehung einer Biografie. Unsere Erinnerung, unser Erleben von Zeit, von Verwurzelung an Orten und in Beziehungen zu Mitmenschen ist mit der Wohnung und ihrer Umgebung eng verbunden. Insbesondere die Erinnerung an die häusliche Umwelt, in der man seine Kindheit verbracht hat, löst eine Vielzahl an Assoziationen aus. Das Zuhause ist ein privater Rückzugsraum, in dem man sich aus Rollenzwängen befreien kann, ein Ort, wo Verhalten und Ausdruck von Emotionen keiner sozialen Norm unterworfen sind. Es ist ein Ort, wo soziale Interaktionen von besonderer Intensität stattfinden.

Abb. 1: *Siedlung Buchheimer Weg, Köln: Die neuen Zwischenräume bieten offene, aber zuordenbare Außenbereiche.*

Abb. 2: *Wohnhochhaus am Hamburger Holzhafen.*

Abb. 3: *Die Siedlung Herti 6 im schweizerischen Zug.*

Abb. 4: *Blick in einen der Höfe.*

Abb. 5: *Die Grube Carl in Frechen: Wohnen in außergewöhnlicher Atmosphäre.*

Abb. 6: *Der Stadtteil Mooca im Zentrum von São Paulo.*

Stadt – Haus – Raum

Bei unserer täglichen Arbeit als Architekten, Planer und Gestalter geht es weniger philosophisch als bei Heidegger zu, aber Grundlage unserer praktischen Arbeit im Wohnungsbau, der uns immer wieder beschäftigt, als Aufgabe fasziniert und herausfordert, ist die Auffassung von Heidegger als Wohnen als »Wahr-nehmung des menschlichen Seins«. Als praktizierender Architekt bearbeite ich gerne Aufgaben vom großen Maßstab des Städtebaus bis hin zum architektonischen Detail im Wohnungsbau. Es ist ein Privileg, aber auch eine große Verantwortung, Bauprojekte durch alle Maßstabsebenen hindurch begleiten und koordinieren zu dürfen. Ein Raum ist ein Haus ist eine Stadt!

Günstiges Wohnen und formulierte Stadträume

Wohnen ist die Grundzutat jeder städtebaulichen Planung und präsentiert sich in unterschiedlichen Aggregatzuständen: vom Wohnen in den »eigenen vier Wänden« bis zum Wohnen auf der Straße und auf dem Platz. Dabei liegen auch wirtschaftlich zwischen einigen Wohnprojekten Welten – von der einfachen Sozialwohnung in Köln bis zur Luxus-Maisonette am Hamburger Hafen: Bei unserem Entwurf für die Siedlung Buchheimer Weg in Köln kamen wir um eine nüchterne Analyse der Realität im deutschen Sozialwohnungsbau nicht herum. Jede deutsche Stadt hat mehr als eine von diesen angestaubten Siedlungen aus den 1950er-Jahren in Zeilenbauweise, die schon zu ihrer Bauzeit nicht viel mehr boten als günstigen Wohnraum und weite, wenig strukturierte Freiflächen. Diese Bauweise hat ihre Schwächen: Sie schafft weder lesbare Straßen- noch Grünräume und bildet keine Adressen. Das bedeutet, die Zugänge zu den Häusern liegen schwer auffindbar abseits der Straßen. Jetzt, zwei Generationen nach dem Bau der Nachkriegssiedlungen, müssen viele dieser Wohnanlagen erneuert werden, und die Gelegenheit ist deshalb günstig, ihr Konzept zu überdenken. Unser Ziel war es, die günstige Bauweise zu erhalten und dennoch sowohl städtebaulich als auch architektonisch neue Qualitäten zu gewinnen. Es stellte sich heraus, dass ein Abriss der Siedlung und ihr Wiederaufbau ökonomisch und gestalterisch günstiger sind als eine aufwendige, grundlegende Ertüchtigung der Häuser. Die Vorteile des Zeilenbaus (gute Belichtung, Belüftung und Orientierung) können erhalten bleiben und trotzdem überzeugende Stadträume und abgestufte Freiräume geschaffen werden. Die Zeilen haben nun einen Knick in der Mitte, sodass je zwei zueinander und voneinander weg weisen (Abbildung 1). Dieser einfache Eingriff führt zu dramatischen räumlichen Verbesserungen: Die Räume zwischen den Zeilen werden gefasst, alternierend entstehen grüne Innenhöfe und echte, halböffentliche Höfe. Dennoch bleibt die Struktur der Freiräume fließend.

Die günstigen Sozialmieten konnten erhalten bleiben, darüber hinaus entstanden ein Wohnheim für Behinderte und eine Wohngruppe für Demenzkranke. Der Entwurf versteht sich als kritische Fortschreibung der 1950er-Jahre-Konzepte des sozialen Wohnens. Er beweist, dass die Lebensbedingungen in einem sozial benachteiligten Stadtteil verbessert werden können und der Nachkriegsstädtebau mit einfachen Mitteln um neue Qualitäten ergänzt werden kann.

Blicke und Ausblicke: Sehen und gesehen werden

Freier agieren konnte unser Büro bei der Planung eines privat finanzierten Wohnhochhauses am Holzhafen in Hamburg, einem kristallinen, vielkantigen Körper, der aus verschiedenen Blickwinkeln neue Sichtbeziehungen schafft. Über einem schwarzen Natursteinsockel teilt sich das Haus in den oberen Geschossen in zwei Arme, in Form eines unregelmäßigen Fünf- und eines Vierecks. Das Gebäude ist so geformt, dass man von jedem Standpunkt aus stets mehrere Gebäudekanten gleichzeitig sieht und verschiedene Fassadenabschnitte in Licht und Schatten stehen. Diese prismatische Erscheinung wird durch eine plane

Glasfassade mit Kastenfenstern verstärkt. Alle Wohnungen verfügen über große Außenbereiche: tiefe, windgeschützte Balkone, Loggien oder Dachterrassen. Die hohen Räume bieten weite Ausblicke und sind wie gemacht für das Sehen und Gesehenwerden (Abbildung 2). Beide Projekte verbindet, dass sie gutes Wohnen als individualisiertes Lebensglück ansehen und dieses Wohlhabenden wie auch sozial Benachteiligten ermöglichen.

Quartier und Außenraum: Das Fenster zum Hof

Wichtiger als das einzelne Gebäude ist uns der Zusammenhang zwischen verschiedenen Häusern. Diese Auffassung konnten wir bei unserem Entwurf für 18 neue Wohnhäuser im Quartier Herti in Zug in der Schweiz umsetzen. Als »Mittler zwischen Stadt und Land« sah der Entwurf sechs Wohnhöfe vor, die jeweils auf einem gemeinsamen Plateau stehen und in parkähnliche Freiflächen eingebettet sind. Diese Höfe schaffen Nachbarschaften und lesbare Räume, sowohl innen in den Höfen wie außen im Straßenraum. Um eine gute Balance zu erreichen, wurden Miet- und Eigentumswohnungen gemischt, ebenso geförderter und frei finanzierter Wohnungsbau. Alle Wohnungen sind für Familien konzipiert und entsprechend groß. Die erhöhten Höfe (Abbildungen 3 und 4) bieten geschützte Bereiche mit Spielflächen für Kinder und wurden unterschiedlich gestaltet. In ihrem Zentrum steht jeweils ein Baum. Zwischen den privaten Wohnungen mit Balkonen und Loggien bilden die Freiflächen im Hof als Ort der Nachbarschaft und des Kinderspiels den Übergang zum großen grünen Freiraum mit Anschluss an die Landschaft.

Dichte und Freiräume: Indoor und outdoor

Eine Wohnung soll eine den Jahreszeiten angepasste Lebensweise ermöglichen. Im Winter schafft sie eine wohnliche Innenwelt, im Sommer lässt sie sich umkehren, und ihre Außenflächen werden zum wichtigsten Element. Der Grund, warum viele Menschen, Architekten inbegriffen, Altbauten des späten 19. Jahrhunderts so lieben, ist neben den hohen Räumen und Holzböden auch der visuelle und physische Außenbezug. Dass es neben spießiger Reihenhausbauweise, ausufernden Einfamilienhaussiedlungen und sturen Blockrandbebauungen im zeitgenössischen Städtebau einen weiteren Weg gibt, beweist die Wohnbebauung an der Orsoyer Straße in Düsseldorf. Sie schafft mit sechs winkelförmigen Stadtvillen trotz hoher, urbaner Dichte differenzierte Freiräume. Um sich in die bestehenden Maßstäbe einzufügen, vermittelt die Anlage zwischen einer viergeschossigen und einer zweigeschossigen Bebauung, indem die Baumasse in gestaffelte Einzelhäuser aufgelöst wurde. Das hilft bei der natürlichen Belichtung und Belüftung und schafft mehr Fassadenfläche für französische Fenster und große Balkone. Räumliche Qualität und hohe Dichte schließen sich nicht aus, sondern befördern einander. Um einen Innenhof herum stehen weiße Stadtvillen mit Gartenanteil. Die Gebäudeecken sind geöffnet, um Raum für Loggien zu bieten und den Baukörpern Leichtigkeit zu geben. Die oberen beiden Stockwerke sind zurückgestaffelt und haben Austritt auf große Dachgärten. Die Freiflächen sind sorgfältig abgestuft und führen vom öffentlichen über einen halböffentlichen zu den privaten Außenräumen der Bewohner, auf Dachgärten, -terrassen und begrünte Flachdächer. Die Grenzen zwischen Innen und Außen werden so scheinbar aufgelöst, und bei gutem Wetter wohnt man häufig außerhalb der Wohnung. Die Architektur stellt sich hier in den Dienst für gutes Wohnen als Basis guten Lebens.

Flexibel und funktionsneutral

Als in den 1980er-Jahren immer mehr Lagerhallen und Industriege-
bäude brach fielen, wurden viele kurzerhand zu Lofts umgebaut.
Eine Wohnung umfasste oft die gesamte Fläche einer Etage, in die einfach
Möbel als Raumteiler hineingestellt wurden. Damit ergaben sich offene
Wohnungen mit riesigen Grundflächen und hohen Decken. Schnell
waren sie begehrt bei Freiberuflern und Künstlern zum Wohnen und
Arbeiten.

Bei der Umnutzung der ehemaligen Brikettfabrik Grube Carl in
Frechen bei Köln haben wir uns mit dem ununterteilten Wohnen in
einem Industriedenkmal auseinandergesetzt: Weg von der Raumzelle –
hin zum offenen, funktionsneutralen Grundriss! Nur die Bäder mussten wir geschickt platzieren, auf tragende Innenwände haben wir beim
Umbau der Fabrik verzichtet. Die Anlage liegt auf einem Plateau und
dominiert mit ihren Schornsteinen und Dachaufbauten die Silhouette
der Gegend. Die Schlote wurden erhalten und werden abends stim-
mungsvoll illuminiert. Architektonisch zielt der Umbau nicht auf *high
design*, sondern auf komfortables, bezahlbares Wohnen in einmaliger
Atmosphäre. Deckenhöhen von bis zu 4,50 Metern geben den Wohnungen ein außergewöhnliches Raumgefühl (Abbildung 5). Das Konzept erwies sich als erfolgreich und wurde zu einem Beispiel für nach-
haltige Stadtentwicklung, die Historischem neue Qualitäten abgewinnt.
Der Umgang mit den Grundrissen der Industriebauten des 19. Jahrhunderts hat uns auch für Neubauplanungen inspiriert.

Der Umgang mit dem Erbe des Industriezeitalters beschäftigt uns
derzeit auch in einem viel größeren Maßstab und einem anderen Kul-
turkreis: Zusammen mit VIGLIECCA & ASSOC haben wir den Auftrag zur städtebaulichen Umstrukturierung des Stadtteils Mooca in
São Paulo, Brasilien, erhalten (Abbildung 6). Das Areal mit einer Fläche von 1650 Hektar im Zentrum der Stadt ist durch ehemalige Indus-
trieflächen geprägt. Neben der Verbesserung der Infrastruktur schaffen
wir dort neue öffentliche Freiräume und Einrichtungen, eine gemischte

Nutzung mit Wohngebieten, Büro- und Gewerbeflächen und großen Grünflächen und Freizeiteinrichtungen.

Zurück in die Zukunft

Angesichts von schrumpfenden Städten in Deutschland und einer rapide alternden Gesellschaft ist eine der großen Herausforderungen im Wohnungsbau der Zukunft der Wandel zum schwellenlosen Wohnen, das temporär oder dauerhaft behindertengerecht gestaltet ist. Das Verhältnis von Wohnen und Arbeiten verändert sich und die strikte Trennung zwischen beiden Sphären, die die Industrialisierung einst mit sich brachte, scheint heute obsolet und wird rückgängig gemacht. Bei unserem Wohnhaus in der Hamburger HafenCity, dem derzeit größten innerstädtischen Stadtentwicklungsprojekt Europas, konnten wir unsere Ideen für das Wohnen der Zukunft überprüfen. Unsere Vorstellungen zeigen sich auch bei den Grundprinzipien der Planung für Wohnraum für 12 000 Menschen und 40 000 Arbeitsplätze, die hier bis Mitte der 2020er-Jahre entstehen werden: urbane Dichte, eine Vielfalt der Architekturen, Typologien und Nutzungen. Durch den ÖPNV besteht eine gute Anbindung an dieses lebendige Stadtviertel mit Wohnungen, Geschäften, Parks und Promenaden, Büros, Kindergärten, Freizeit- und Tourismuseinrichtungen.

Der öffentliche Raum der Stadt

Das Denken, Entwerfen und Bauen ähnelt sich auf allen Maßstabsebenen, ob ganz groß oder ganz klein. Im architektonischen Detail werden die Ergebnisse des planerischen Denkens sichtbar. Unsere Pläne zielen auf Vielfalt und robuste Vorgaben ab. Der städtebauliche Plan soll die Gebäude überleben und so der Austausch einzelner Elemente möglich sein. Ein guter Masterplan erträgt vielfältige Architektur. Die ökonomischen und architektonischen Tendenzen führen in unserer Gesellschaft zu einer Fragmentierung, die wilde Patchwork-Neustädte hervorbringen kann. Städtebau hat deshalb die Aufgabe, über eine Ansammlung geballter Egoismen hinauszugehen und ein nachhaltiges, kohärentes Bild zu entwickeln, das dennoch nicht zum Korsett wird. So entstehen Städte und Quartiere, in denen man gerne wohnt – inner- und außerhalb der eigenen Wohnung.

Anmerkungen

1 Goldt, Max: »Zehn hoch achtundfünfzig«. In: ders.: *Die Radiotrinkerin.* Zürich 1991, S. 23.

Bildnachweis

Seiten 97 und 102/103: Christa Lachenmaier, Köln
Seiten 98/99: HG Esch, Hennef
Seiten 100 und 101: Guido Baselgia, Malans
Seite 104: ASTOC Architects and Planners, Köln

Hans Förstl
& sterben
– mit Alzheimer

Das Wichtigste vielleicht vorneweg: Jeder Dritte stirbt in der westlichen Welt mit einer Demenz, verursacht vor allem durch die sogenannte Alzheimer-Krankheit des Gehirns. Eine einigermaßen intelligente Auseinandersetzung mit diesem Thema erscheint also geboten, da wir bis auf Weiteres mit Demenz leben müssen und folglich lernen sollten, gut damit zu leben.

Altern

Altern ist eine allgemeine Eigenschaft lebender Organismen. Genau betrachtet altern auch Gebirge und Gestirne, wenngleich deren torpides Schicksal den schnelllebigen Menschen zumeist unberührt lässt. Allerdings lassen sich an Ereignissen wie Stein- und Meteoritenschlag die verwickelten Zusammenhänge von Risiken und Lebenslänge ganz gut illustrieren. Die dramatischen Folgen der Kollision des Meteoriten KT mit der Halbinsel Yukatan vor 65 Millionen Jahren wirken bis heute fort. Die Lebensbedingungen der alten Dinosaurier verschlechterten sich rapide und führten zur raschen Auslöschung einer großartigen Fauna, die nur von wenigen resilienten Echsen überlebt wurde.

Der Zusammenhang mit dem Problem der Demenz erscheint nicht auf Anhieb ersichtlich und wird hier wohl weltweit zum ersten Mal hergestellt. Ohne den Impact von KT sähe die Verteilung der Arten und ihrer immanenten Gebrechen – beim Menschen vorrangig Alzheimer und Krebs – auf der Erdkruste nämlich ganz anders aus. Die politisch dominierende Spezies entspräche mit Sicherheit nicht unseren ästhetischen Idealen. Federn fänden sich vermutlich nicht nur an deren Hüten. Über diese Details kann man spekulieren. Jedenfalls wurde gleich nach dem Einschlag die Artenvielfalt reduziert und das evolutionäre Kursbuch neu geschrieben. Aus kleinen unspektakulären Wirbeltieren erwuchs der aufrecht gehende Mensch mit seinen hoffärtigen Gedanken, der sich zoologisch als besonders weise klassifiziert – Homo sapiens sapiens. Und dieser eitle, anspruchsvolle »Primat« wird erst jetzt in so großer Zahl so alt wie nie zuvor.

Nun aber zum vergleichsweise biederen Steinschlag, der den Menschen eigentlich erfreulich selten trifft und wenn, dann oft aus Gründen von Gewicht und Gravitation von oben, wo der Kopf sitzt. Er kann dem Leben entweder ein jähes Ende bereiten, das die Entwicklung altersassoziierter Probleme stoppt, oder die absolut lebensnotwendigen Organe verschonend weniger elementare Teile des Gehirns dergestalt schädigen, dass er schlagartig und dauerhaft an geistiger Leistungsfähigkeit verliert.[1] Damit fallen einerseits mehr gefürchtete Alzheimer-Veränderungen an, andererseits leidet darunter die geistige Reserve, von der im höheren Alter zu zehren wäre.

Dieser einleitende Abschnitt dient zwei Zwecken. Inhaltlich wurde auf das anmaßende und anspruchsvolle Wesen des Menschen hingewiesen sowie auf den Zusammenhang von massenhaft gesteigerter Lebenserwartung und altersassoziierten Problemen. Formal diente diese kurze Einführung der frühzeitigen Abschreckung von Lesern, die hinter diesem Titel Betuliches aus der Betroffenheitskultur erwarten.

Altern bis ins Alter

Altern ist sichtbar, spürbar und nur bis zu einem gewissen Grad erwünscht, nämlich etwa bis zum 17. Lebensjahr mit dann rückläufiger Tendenz. Tatsächlich setzt das Altern des Nervensystems mit ersten Alzheimer-Neurofibrillen (vide infra) bereits sehr früh ein, und hinsichtlich der geistigen Flexibilität sollte man sich nichts vormachen.

In den ersten Lebensmonaten spezialisiert sich das Gehirn auf bestimmte, sozial relevante Reize und büßt an intellektueller Flexibilität ein. Die postpubertäre Konzentration auf den anstrengenden beruflichen und gar akademischen Höhenweg täuscht einen Leistungsanstieg vor, bei dem schon sehr früh Fantasie und Vielseitigkeit auf der Strecke bleiben, ohne dass wir dies selbst bemerken und durch diesen professionellen und privaten Rigor gesellschaftlich Anstoß erregen würden.

Während der Prozess des Alterns ohne Diskussion akzeptiert werden muss, da Leben grundsätzlich auch Altern bedeutet, ist das Konzept Alter heute ein populärer Topos langatmiger Debatten (mehrstimmig, allegro assai) und weitschweifiger Diskurse (für Solisten, adagio/ grave). Chronologisches und biologisches Alter sind längst auseinanderdividiert. Je länger das Leben dauert, desto mehr gewöhnt man sich an seine Annehmlichkeiten. Eigentlich ist es doch eine schöne Sache, ein hohes Alter zu erreichen, die Folgen werden jedoch allgemein beklagt: Schwächen und richtige Erkrankungen aller Art. Eingeweihte sprechen gerne von der Multimorbidität als einem Charakteristikum wahren Alters.

Welches biologische Alter als Berechtigung zur Berentung geltend gemacht oder als Zeichen des eigentlich wahren Alters angesehen wird, ist umstritten, und das Ergebnis orientiert sich im Einzelfall je nach Gesprächssituation an den Polen Rentenanspruch und Respekt. Derselbe Mensch kann sich gleichzeitig im Vergleich zum Gleichaltrigen als traditionell ruhestandsberechtigt betrachten, grenzt sich aber hinsichtlich seiner langen Lebensperspektive von der Generation seiner Eltern vehement ab. Kleine körperliche Mängel sind in Kauf zu nehmen, die Erwartungen an die eigene geistige Rüstigkeit bleiben dagegen ungebrochen hoch. Darüber ist viel geschrieben worden. Jedenfalls sieht modernes, junges Altern die Demenz nicht vor. Diese Grundhaltung muss in einem Kursbuch realistischer Lebensperspektiven dringend korrigiert werden.

Altern bis ins Alter und dabei stets mit Würde

Solange es sich unsere Gesellschaft leistet, auf die Arbeit der Älteren zu verzichten und sie stattdessen mit einer Rente ruhig zu stellen, ist diese meist lange Lebensphase unnützen Vegetierens und Vagabundierens gut nutzbar, um spät, aber nicht zu spät, Prävention und Prophylaxe zu betreiben, für die man vorher keine geeignete Zeit fand. Dies gibt ein gutes Gefühl. Auch denjenigen, die schon kleine Schwächen an Körper und Geist bemerken. Was also lässt sich von Anfang bis fast zum Ende tun? Zweierlei. Erstens gilt es, die geistigen Reserven zu nähren. Wie dies am besten zu geschehen habe, vermag die Wissenschaft derzeit nicht zu verraten. Zu anekdotisch sind die Einzelheiten. Lernt man etwa erfolgreich auf den Londoner Taxischein, sodass man auch die Prüfung besteht, verfügt man hinterher an einer Stelle im Gehirn über einen messbar stärkeren Gedächtnisapparat als vorher, viel stärker als bei denjenigen, die durchfielen oder gar nicht erst gelernt haben. Die geistig stimulierende Kraft von Sudoku, Kreuzworträtseln, Schach, Gedächtnistraining und anderen stumpfsinnigen Formen der Zeitverschwendung darf dagegen bezweifelt werden, da viel wichtigere, spannendere Aufgaben mit weit größerem intellektuellem Reiz betrachtet und bewältigt werden könnten. Dabei gibt es zugegeben individuelle Vorlieben, die berücksichtigt werden müssen, darunter ein gemeinsames Grundproblem: Die Zeit läuft und lässt sich nur einmal nutzen. Zwischen sehr persönlichen Voraussetzungen und Neigungen einerseits und andererseits der generell rastlos tickenden Uhr vermag die Wissenschaft nicht mit einem allgemeingültigen Rezept aufzuwarten, das ein Maximum mentaler Rüstigkeit garantiert. Da die Zeit ohnehin läuft, braucht man sie sicher nicht mit gezielten Maßnahmen vertreiben. Und jene Zeitgenossen, die leicht der Langeweile verfallen, sind sowieso in höherem Maße demenzgefährdet.

Ein gescheites Hirn ist immer neugierig und in Bewegung. Besser schneiden gegen Ende im Durchschnitt diejenigen ab, denen im Leben viele Chancen geboten wurden und die davon auch engagierten Gebrauch machen konnten, die Erfolg in jeder beruflichen und privaten Hinsicht hatten. Wie aber schafft man für möglichst viele diese reichhaltigen und anregenden Bedingungen? Sicher nicht durch Elterngeld und Frühberentung.

Die erste Devise lautet trotz einiger ungeklärter Details: Sich geistig regen bringt geistigen Segen. Die zweite ist noch einfacher: Den Körper so gut und so lange es geht gesund halten. Dann hat man sich im Alter nichts vorzuwerfen – auch wenn man die Demenz erleben sollte. Dem Autor ist die Banalität dieses Resümees vollkommen und schmerzlich klar. Er leidet selbst unter der gewählten schulmeisterlichen Formulierung.

Andernorts geht man strenger an die Sache heran, da mit dem Einzelnen der gesamte Volkskörper – horribile dictu – genesen und gesund bleiben möge. Sozialistisch (oder japanisch²) formuliert bedeutet dies, der Einzelne hat im Interesse des Ganzen konsequent seine Gesundheit zu pflegen und seinen Geist anzuregen. Grauenhaft, sich den gellenden Aufschrei bei einer drakonischen Umsetzung dieser Maßnahmen in der Bundesrepublik vorzustellen. Lebenslänglich Napola für alle. Mimosenhafte Literatinnen und Fernsehphilosophen mit metabolischem Syndrom haben mit zarter oder raunender Stimme schon die Zurückhaltung der Geistesmenschen gegenüber jeder Form forcierter Leibesertüchtigung erklärt. Alzheimer kommt dennoch, aber man möchte sich dann weder allzu große Entgleisungen vorwerfen noch gar, nicht richtig gelebt zu haben. Das Produkt aus Lebensquantität mal Lebensqualität soll stimmen.

Alzheimer

Alois Alzheimer (1864, Marktbreit, bis 1915, Breslau) war vermutlich ein recht sorgfältiger und einfühlsamer Arzt, der die entscheidende grundlagenwissenschaftliche Methode seiner Zeit beherrschte, die

Histologie. Die Kunst, Körpergewebe fein zu schneiden und zu färben, hatte am Ende des 19. Jahrhunderts große Fortschritte gemacht. Nach einer histologischen Doktorarbeit über die Ohrenschmalzdrüse in Würzburg arbeitete sich der junge Alzheimer in Frankfurt und Heidelberg mit großem Erfolg in die krankhaften Veränderungen des alternden Gehirns hinein, in dessen »arteriosklerotische Atrophie« (1894) und »die Anatomie der Seelenstörungen des Greisenalters« (1899). Sein wissenschaftlicher Ruf war bereits gefestigt, als er von Professor Kraepelin als Leiter des Forschungslabors an die neu geschaffene Königliche Psychiatrische Klinik in München geholt wurde.

1906 wurde ihm das Gehirn einer gewissen Auguste Deter aus Frankfurt am Main zugesandt. Er hatte die Patientin dort einige Jahre vorher untersucht. Sie litt unter einer früh beginnenden, einer präsenilen Erkrankung, die dem damals wohlbekannten »Greisenblödsinn« sehr stark ähnelte, aber besonders rasch verlief. Alzheimer hatte ihre Krankengeschichte in Frankfurt genau dokumentiert. Nun konnte er ihr Gehirn untersuchen und fand zwischen den Nervenzellen eine große Zahl von dichten Eiweißklumpen, sogenannte Plaques, wie man sie bereits damals von alten Patienten gut kannte. Interessant erschienen Alzheimer die fädigen Knäuel in den Nervenzellen. Diese Neurofibrillen konnten erst seit wenigen Jahren sichtbar gemacht werden. Der erste schwarze Nervenarzt der USA, Solomon Carter Fuller, hatte sie bei alten Patienten nachgewiesen. Alzheimer war nun erstmals die Darstellung bei einer jungen Patientin gelungen.[3]

Ein erster Vortrag Alzheimers über diesen Fund im Jahr 1906 blieb weitgehend unbeachtet. Da der uralten Wissenschaft der Seelenheilkunde bis zu Beginn des 20. Jahrhunderts der Nachweis spezifischer Hirnveränderungen als Ursache einer bestimmten psychischen Störung ansonsten versagt geblieben war, bestand Kraepelin dennoch auf der Herausstellung dieser Beobachtung als »Alzheimersche Erkrankung«.

Alzheimer als Krankheit

Gerade die vorsichtigen Nervenärzte haben sich lange geziert, von einer Krankheit zu sprechen, solange ein Mensch noch keine Beschwerden hat, also eigentlich noch nicht wirklich Patient ist. Aber in puncto Alzheimer haben zwei wesentliche Umwälzungen stattgefunden. Vor 40 Jahren kamen die Experten überein, dass es zwischen der präsenilen Alzheimer-Erkrankung und der »normalen« senilen Demenz eigentlich weder einen wesentlichen Unterschied hinsichtlich der Symptome noch der Hirnveränderungen gebe; also wurde aus der Rarität Alzheimer ein Problem, das einen großen Teil der älteren Menschen betrifft. Vor einem Jahr kam aus den USA der Vorschlag, klar zu differenzieren zwischen den Alzheimer-Plaques und -Neurofibrillen als Hirnerkrankung (= Alzheimer-Krankheit) und deren Spätfolgen, den Symptomen der Demenz (= Alzheimer-Demenz).

Dies erscheint recht mutig in einer Zeit, da die Medizin einer wohlfeilen Krankheitsmache geziehen wird. Andererseits würden sich dieselben kritischen Stimmen in einigen Jahren bitter darüber beklagen, ließe man jetzt die Gelegenheit fahrlässig verstreichen, bereits nach ersten Hirnveränderungen zu suchen, solange der Mensch noch nicht dement ist, und Wege zu erforschen, um deren Folgen möglichst frühzeitig abzuwenden. Die Schwierigkeit besteht nun auch darin, dass die moderne Medizin imstande ist, eben diese Hirnveränderungen am lebenden Menschen zu diagnostizieren, ehe eine effektive Ursachenbehandlung zur Verfügung steht. Und damit ist der Betroffene nicht länger unbelastet, sondern beunruhigt, vielleicht massiv erschüttert und schwer depressiv – und dies wäre wieder ein Risikofaktor für die Demenz. Aus einem beschwerdefreien und unbeschwerten Menschen wird unvermittelt ein Patient, der weiß, dass sein Gehirn nicht mehr gut aussieht, aber keine Ahnung hat, wie es wirklich weitergeht. Klarheit besteht nur darüber, dass ein Alzheimer-armes Gehirn dem Geist bessere Zukunftschancen böte. Dieses Dilemma unserer Tage kann man nicht durch Verschweigen zum Verschwinden bringen.

Alzheimer als Krankheit und die Demenz

Demenz kann viele Ursachen haben, meist aber handelt es sich um die Alzheimer-Veränderungen des Gehirns, die zusammen mit Durchblutungsstörungen und anderen Hirnveränderungen zu einer Erschöpfung der geistigen Reserven führen. Die Definition der Demenz ist weit gefasst: ein Verlust des geistigen Leistungsvermögens, der nicht nur das Gedächtnis betrifft und so ausgeprägt ist, dass der Mensch seinen Alltag nicht mehr wie gewohnt bewältigen kann.

Dass alte Menschen nahezu regelhaft die Symptome einer Demenz entwickeln, war bereits im alten Ägypten eine Binsenweisheit, es war die klassische Lehre in der griechischen und der römischen Antike, im christlichen Mittelalter und in der Renaissance. Die Bewertung dieser Beschwerden hing dabei davon ab, ob sich ein Tragödien- oder ein Komödiendichter, ein Arzt oder Philosoph damit befasste. Der prominente literarische Topos Demenz hat offensichtlich über die Jahrtausende keineswegs dazu beigetragen, dass der Umgang mit dem Thema in Wort und Tat heute unaufgeregt, sachlich und sachkundig erfolgen würde.

Der wesentliche Unterschied zu früher: Die ungekannt hohe Lebenserwartung in unserer Gesellschaft nimmt jedes Jahr um weitere drei Monate zu, da viele Organe immer länger fit bleiben. Nur wie das Gehirn dabei abschneidet, wie lange es in diesem Wettlauf der Organsysteme mithält, wissen wir nicht.

Analogien

Womit wollen wir verglichen werden? Aus infantil-religiöser Grundhaltung sehen wir uns gottähnlich. Dieser großzügige Maßstab kann zu Enttäuschungen in der Lebensbilanz beitragen.

Womit vergleichen wir uns? Brillieren wir nicht mehr mit imposanter intellektueller Strahlkraft, so verändert sich die innere Messlatte häufig auf menschenfreundliche Art. Neue – oder ganz alte – Aufgaben werden wichtiger.

Womit werden wir verglichen? Viele Angehörige vergleichen uns damit, wie wir vorher waren. Oft etwas verstimmt, aber hinsichtlich ihrer angeblichen Vergesslichkeit scheinbar unbekümmert, werden manche Patienten zur Untersuchung gebracht, deren Angehörige besorgt über erhebliche Schwierigkeiten im Alltag berichten, die es früher nicht gab.

Im mittleren Stadium einer Demenz benötigen die anderen Familienmitglieder oft dringendere Unterstützung als die Patienten selbst. Jeder Mensch hat ein Recht auf Nicht-Wissen, und im Gegensatz zur landläufigen Ansicht psychoanalytisch geprägter Feuilletonisten sind Verdrängung und Verleugnung bewährte Mechanismen, um uns in vielen Situationen vor der Verzweiflung zu schützen. Es wäre ein Verstoß gegen die guten Sitten, ohne Sinn und Zweck dem Patienten gegenüber auf der Mitteilung einer Diagnose »Alzheimer« zu bestehen. Im Verlauf der Demenz scheinen viele Betroffene diese famose und typisch menschliche Fähigkeit zu entwickeln und arrangieren sich mit der Situation immer besser. Das Vergessen lästiger Verpflichtungen hilft. Man muss sich nicht mehr um alles selber sorgen. Zugegeben, manche sorgen sich und suchen was auch immer.

Analogien zum Animalischen

Sind nicht erlaubt. Wir sind die Krone der Schöpfung, auch wenn uns die hinteren Winkel der Welt (Welt, nicht Erdoberfläche!) noch kaum bekannt sind. Tiere sind niedrigere Lebewesen, mit denen wir nichts zu tun haben.[4] Daher ist dieser Abschnitt auch ganz kurz.

Analogien zum Animalischen und Autonomie[5]

Tatsache aber ist, dass der Mensch im Stadium der fortgeschrittenen Demenz durchaus manche Funktionen nicht mehr beherrscht, die für kleinere Lebewesen ganz selbstverständlich sind. Ferner finden demente Menschen manche Tiere weit zugänglicher als die hektischen Quasselstrippen, deren irrelevantes Geschwätz unverstanden verhallt. Ein lästiges Geräusch im Vergleich zu kuscheliger Nähe und Wärme. Am Ende ist ein Teddybär vielleicht gerade recht. Das war am Anfang auch so.

Manche Skalen, die dazu dienen, den Verlauf einer Erkrankung bis in das späte Stadium zu dokumentieren, führen nicht nur die höheren Leistungen des Neokortex, Sprache und andere komplizierte Verhaltensweisen auf, sondern auch recht basale Funktionen wie Handgeben, Kopfheben, Wasserhalten, Trinken, Anschauen usw. Der Vergleich zur frühen Kindheitsentwicklung in umgekehrter Reihenfolge drängt sich auf, er ist sachlich unbestreitbar und ethisch höchst umstritten. Freunde Freuds mögen in der reversen Sequenz von oraler, analer und phallischer Phase wieder ein Indiz für das Genie des Meisters entdecken und damit ein neues, reiches Betätigungsfeld. Einen neuen Namen muss man dafür nicht schaffen, denn Psychoanalyse sagt schon alles: die Auflösung des Verstandes.

Problematisch ist für viele Patienten und ihre Angehörigen die phallische Phase, das Ringen um Autonomie. Hier kann es unruhig werden, und das massenweise verübte tablettentechnische Dämpfen dieses Grundbedürfnisses ist keine gute und eine nur in gut begründeten Situationen vertretbare Antwort. Viele Betroffene stellen außer ein wenig Bewegungsdrang und Eigensinn keine höheren Anforderungen an die Umgebung; andere sind sowieso immer brav und anhänglich; viele erreichen dieses Krankheitsstadium gar nicht. Für einige wird das Leben wieder zum richtigen Abenteuer. Grundmotive sind die ewige Suche nach der Wahrheit, dem Gral, dem Goldenen Vlies, oder dem Untersetzer von Tante Anni. Eine Odyssee durch Schubladen,

Truhen, Gänge, Gärten, Gebüsche und Wälder. Rennen und Räumen können erfüllende Beschäftigungen sein. Andere verkennen die zudringlichen Agenten fremder Mächte und geraten in heftigen Dissens mit der eigenen Ehefrau, die unnachgiebig auf ihrer Identität mit allen hergebrachten Rechten und Pflichten beharrt, von ihren hygienischen Bestrebungen nicht ablassen will und auch nicht von lang geübten Stundenplänen. Sie ist es, die zeitweilig und im Eifer des Gefechts an der Badewanne nicht mehr erkannt wird.

Nichts ist ganz einfach, noch nicht einmal das Sehen in seiner reifen Form. Wir setzen gern voraus, selbstverständlich lesen zu können, selbstverständlich Gesichter zu erkennen und sogar den Überstieg vom Wohnzimmer in den Wilden Westen mühelos zu meistern und beim Klingeln des Telefons flink zurückzufinden. Mit fortschreitender Demenz ist gerade dies nicht mehr so selbstverständlich. Das Hin und Her von virtuellem Raum in Television oder Fantasie und wirklicher Wohnung bereitet erhebliche Schwierigkeiten. Die Nacht wird oft zum Tage und verleiht der Fantasie noch kräftigere Flügel: Halluzinationen, Wahnideen, Unruhe, aggressive Anspannung, die sich in Beschimpfungen und Handlungen entlädt. Das kann zu einer Extrembelastung für die Angehörigen eskalieren, zumal der Patient aus seiner Sicht der Dinge immer recht hat.

Im weiteren Verlauf nehmen diese spannenden Episoden ab. Patienten, die vorher erregt waren, werden ruhiger. In dem Maß, wie das Wahrnehmungsvermögen abnimmt, verlieren sich auch Missverständnisse und ängstliche Reaktionen. Viele Menschen mit schwerer Demenz scheinen friedlich in sich zu ruhen. Die Freuden werden körperlicher. Gute körperliche Pflege und angemessene Zuwendung werden mit freundlichen Reaktionen belohnt. Ein Vergleich mit kindlichen Wonnen drängt sich auf, obwohl es hier um einen erwachsenen, meist alten Menschen geht. Diese Warnung erscheint insofern berechtigt, als sich die Pflegenden nicht zu plumper Respektlosigkeit hinreißen lassen dürfen, sollte aber nicht davon ablenken, dass unser edler, eitler Geist auf einem recht körperlichen Fundament aufbaut, das immer noch trägt und fühlt, selbst wenn hoch oben am Überbau bereits die Verzierungen abgebrochen sind. In diesem späten Stadium – das keineswegs alle Patienten erreichen – sollte auch erwachsenen Männern, Greisen, wieder erlaubt sein, Milchkaffee zu trinken. Frauen scheuen vor dieser mediterran verklärten, aber im Grunde kleinstkindlichen Bedürfnisbefriedigung ein Leben lang nicht zurück und man braucht jetzt auch nicht anfangen, sich zu schämen, wenn dieser primordiale Genuss nun aus dem Schnabelbecher gesaugt wird.

Angst

Die Angst vor dem Tod ist die größte. Sie war früher angeblich gegenwärtiger. Allerdings war dieses tragische Bewusstsein früher mit der Gewissheit verbunden, dass eine spätere Errettung zumindest möglich sei, hingen doch fotorealistische Abbildungen des Jüngsten Gerichtes in vielen christlichen Weihestätten. In der modernen Welt ist es indes seltsam, dass wir mit der Gewissheit, eines Tages zu sterben, ziemlich gut zurechtkommen. Dies steht in krassem Widerspruch zur BRD-typischen, wehleidigen Quengelei über Alzheimer etc.

Angst vor Alzheimer

Oft wirft die Demenz ihren Schatten voraus. Eine beginnende Vergesslichkeit, eine leichte kognitive Störung kann viele Ursachen haben – Trauer, Depression und Angst. Von einer leichten Demenz spricht man, wenn ein Patient bei anspruchsvolleren Aufgaben erstmals Unterstützung benötigt (Steuererklärung, Bankgeschäfte, Organisation großer Einladungen …). In dieser Phase liegen häufig eindeutig messbare Defizite zum Beispiel im Bereich des Gedächtnisses vor, die sich in einem Test einigermaßen zuverlässig erfassen lassen. In dieser Phase ist die Angst vor der Diagnose Demenz oftmals groß. Dies trifft besonders auf jene Patienten zu, die den Arzt bereits beunruhigt und aus eigenem Antrieb aufsuchen. Der Anteil dieser Patienten wächst. Einerseits ist dies erwünscht und der Erfolg einer größeren öffentlichen Aufmerksamkeit, aber auch ein Ausdruck höherer Anforderungen angespannter Zeitgenossen an sich selbst. Die frühe Untersuchung bietet überdies die Chance, andere und gut behandelbare Ursachen der Probleme von der Depression bis hin zu gut operablen Hirntumoren, internistischen Erkrankungen usw. zu entdecken. Andere Patienten erfahren, dass sich keine anderen Ursachen ihrer Beschwerden finden, jedoch Indizien für die Alzheimer-Krankheit und eine beginnende Demenz, die wahrscheinlich fortschreiten wird. Das ist gerade für jene, die ideale Erwartungen an die eigene intellektuelle Leistung knüpfen, zunächst nicht leicht zu verkraften.

Es war früher und anderswo nicht besser. Die Angst vor der Senilität hat Herkules dazu gebracht, den alten, spindelbeinigen Geras zu erschlagen. Edle Wilde ließen demente Stammesgenossen zurück oder begruben sie bei lebendigem Leib. Auf die Bühne traten sie als Jammer- oder Spottgestalten, politisch unkorrekt in Szene gesetzt von der griechischen Komödie bis zu Becketts *Endspiel*. Solange es die Zustände erlaubten und die Alten eine praktisch nutzbringende Tätigkeit im Vielgenerationenhaushalt ausübten, wurden sie früher gelitten – zumal solches Wohlverhalten wohlgefällig war. Die eine Angst wurde von der anderen übertrumpft.

Angst vor Alzheimer und die Medien

Angst war lange das Geschäft der Offenbarungsreligionen. Heute haben sich die Medien der Angst bemächtigt. Burn-out und andere medial dramatisierte und von psychosomatischen Privatkliniken geförderte Befindlichkeitsstörungen werden zugegeben durch die Bedeutung von Alzheimer klar relativiert. Und das ist gut so. Man sollte schon genau hinsehen, auch wenn es manchmal schwerfällt. Wenn ein einst wichtiger Mensch jetzt elend und gebrechlich wirkt, ist das nicht allein dessen Problem. Die stigmatisierende Gewalt geht von Film und Fernsehsessel aus. Alternativ fällt der Zuschauer hilfloser Schockstarre oder dem süßlich-pappigen Helfersyndrom anheim. Viele wenden sich angewidert ab. Es gibt wenige Journalisten, die dem Thema gewachsen sind, ohne sich in der Mottenkiste von Weh und Klage zu vergreifen. Wegen mancher Desinformationskampagnen und seiner diesbezüglichen Empfindlichkeit muss man tatsächlich Angst um den modernen Menschen haben, der so was nicht erleben möchte – nach allem, was er darüber zu wissen glaubt – und dem die Legislative mit der Patientenverfügung auch ein wohlfeiles Verfahren zum sozial verträglichen Frühableben empfiehlt.

Arroganz

Ja, es sagen manche, dass das doch kein Leben sei mit der Demenz, und halten sich noch nicht einmal die Hand dabei vor.

Suizide sind bislang bei Menschen mit Alzheimer und anderen demenziellen Erkrankungen höchst selten. Als Risikofaktoren können dennoch festgestellt werden: hohe Bildung, männliches Geschlecht, frühes Demenzstadium und eine kurz zurückliegende Diagnose, Alkohol, Tabletten, Handfeuerwaffen und vor allem Depression. Menschen mit einer Demenz fühlen sich manchmal lebensmüde in einem weitläufigen Sinn, aber Interesse an Euthanasie oder assistiertem Suizid wurde zur Verwunderung niederländischer Forscher nicht geäußert. Man könnte jetzt einwenden, die dementen Patienten wüssten nicht mehr, was am besten für sie sei. Hierzu sei auf Untersuchungen an Menschen mit Locked-in-Syndrom verwiesen, die absolut bewegungsunfähig im Bett liegen (Ausnahme Lidbewegungen) und dennoch ihren Lebenswillen eindeutig bekunden.

Die sehr geringe Suizidalität könnte jedoch ansteigen und der Lebenswille früher versiegen, falls das Damoklesschwert Demenz noch blitzender aufgehängt wird und Tatortkrimis, andere meinungsbildende Fernsehspiele, greise CDU-Politiker und trottelige Schauspieler im Fernsehen weiterhin propagieren, Selbsttötung sei im Prinzip bei Alzheimer eine gute Sache.

Arroganz des Großhirns

Die Anmaßung scheint dem menschlichen Gehirn ab ovo mitgegeben. Es kommt bereits mit hohen Erwartungen auf die Welt, die über viele Monate im Mutterleib genährt wurden. Zudem leistet es sich, einen Großteil seiner Nervenzellen in den ersten Monaten wieder abzubauen. Dies ist eine gewisse ökonomische Konzession, die sowohl einer geordneten Verarbeitung wichtiger Reize dient als auch einer leichten Begrenzung seines Energiebedarfs. Der ist mit etwa 25 Prozent der Gesamtenergie des menschlichen Körpers und einer Dauerleistung von 25 Watt erheblich.

Das Gehirn lässt auch nachts nicht locker und senkt seine Ansprüche um weniger als zehn Prozent. In anderen Worten: Der unterjochte Körper rackert und frönt ein Leben lang, um die unerbittlichen Ansprüche des Kopfes zu befriedigen, eben so lange, bis es nicht mehr geht.

Arroganz des Großhirns und Geborgenheit

Es geht in Europa kaum mehr um altmodisches Jagen und Sammeln, sondern um Teilhabe an rezenten Kulturleistungen, und zwar mit den modernsten Auswüchsen unseres Gehirns, die besonders ausladend und energieverzehrend sind, ein kapriziöses kognitives Feuerwerk. In möglichst vielen Sprachen mitreden über die aktuellsten Neuigkeiten aus Politik, Wissenschaft, Kunst und – nicht mehr länger gering geschätzt – Sport, oder im Abseits stehen und sich so fühlen.

Wenn es uns aber zufällig gelingt, unser eitles Ego auszuschalten, sind wir auch in gesunden Tagen in der meist glücklichen Lage, alle möglichen Eindrücke scheinbar mühelos aufzunehmen – emotional, visuell, akustisch, osmisch, taktil. Assoziationen dazu – und auch recht vielfältige – tauchen jederzeit so zahlreich und schnell auf, dass wir sie gar nicht vorweg intelligent steuern und nachträglich akkurat verbalisieren können. Das ist ein Geistesleben lang so und trifft mit Abstrichen auch noch zu, wenn wir wortkarg, antriebsarm und altmodisch geworden sind. Wir erleben auch dann mehr, als wir nachhaltig verarbeiten können, sehen, hören, riechen, schmecken, fühlen, außen und innen, tauchen in Erinnerungen ab, mögen sie auch noch so wolkig sein. Irgendwie ist man doch hin und wieder geneigt, die Leistungen des Gehirns zu bewundern. Es treibt auch nach erheblichem Substanzverlust den Geist voran. Die messbare Intelligenz ist eigentlich nur ein Teil der Fassade. Wenn die Maske stellenweise bröckelt, werden hinter der bekannten Person ganz elementare Leistungen und Bedürfnisse spürbar, vertraut und geborgen. Schon schade, aber eben unvermeidlich, dass man sich über diese Themen mit den Betroffenen nicht mehr so differenziert unterhalten kann und sich beim Reden darüber doch immer wieder zusammenreißen muss, um nicht in ziemlich irrationale Formulierungen abzuleiten.

Schlussendlich

Während uns jegliche Erfahrung fehlt, ob und wie es nach dem Tod weitergeht – und auch damit kommen wir zurecht –, haben wir ganz gute Eindrücke davon, wie sich Menschen mit Demenz wahrscheinlich fühlen. Man darf nicht sagen pudelwohl, und auch Vergleiche mit kindlichen Wonnen ziemen sich nicht. Mystische Formeln wollten wir vermeiden, sonst käme man am Ende zu Worten wie Versenkung, selige Indifferenz, Sein ohne Zeit usw., also zu attraktiven Zuständen, denen der moderne Mensch ein Leben lang nachjagt.

Anmerkungen

1 Plinius Secundus: *Naturalis historiae libri XXXVII.*

2 In Japan ist die Einhaltung eines kritischen Körperumfangs im Alter von 40 bis 74 seit einigen Jahren staatsbürgerliche Pflicht (Programm »Metabo«).

3 Genau betrachtet sollte das, was wir heute als (senile) Alzheimer-Demenz bezeichnen, eigentlich »Fuller Disease« heißen. Aber Fuller war Schwarzafrikaner und hatte nach seiner Mitarbeit im Münchner Labor Pech mit seiner akademischen Karriere, die ihn zurück nach Boston führte.

4 Dies bringt uns zu einem weiteren Randthema, der Alzheimer-Infektion. Bei genauer Betrachtung der Datenlage sollte man auf den Verzehr artverwandter Eiweiße (Schwein, Rind!) verzichten. Schade, denn dafür sind uns Tiere recht, und wir dachten, ihre Bestandteile würden in unseren Körpern so vollkommen umgebaut, dass sie – nun gewissermaßen geadelt – zu molekularen Bestandteilen unseres gesamthaft Großen und Ganzen werden dürfen, ohne dass wir einen höheren Preis entrichten müssen.

5 Autonomie kommt von Auto. Ausführungen zum Thema Aufklärungsgespräch und Autofahren haben hier eigentlich zu unterbleiben, da sie den Rahmen dieses Aufsatzes sprengen würden. Selbst bei jenen meist männlichen Patienten, die den behutsamen Erörterungen zwischen Angehörigen und Arzt über diagnostische Erkenntnis und therapeutisches Interesse über weite Strecken schweigend und mit lässiger Nonchalance folgten, weiten sich die Pupillen bei dem vorsichtig und um partizipative Entscheidungsfindung bemühten Hinweis auf die etwaigen Gefahren des modernen Straßenverkehrs und den hohen Wiederverkaufswert des Familienfahrzeugs. Der unbefleckte Leumund des unfallfreien Lenkers wird gegen üble Nachreden und vage Warnungen mit Zähnen und Klauen verteidigt. Das Arzt-Patient-Verhältnis wird zerrissen, wenn der Patient grußlos und mit dem Autoschlüssel in der Hand unter Zurücklassung der untröstlichen Ehefrau aus dem Sprechzimmer stürmt. Die Gesetzeslage erlaubt eine lange und schnelle Fahrt für freie demente Bürger auf Deutschlands Wegen, bis es richtig kracht.

Gian Domenico Borasio

Gut sterben – wie geht das?

Gedanken und Erfahrungen eines Palliativmediziners

> Der Tod ist groß.
> Wir sind die Seinen
> lachenden Munds.
> Wenn wir uns mitten im Leben meinen,
> wagt er zu weinen
> mitten in uns.

Kaum ein Dichter deutscher Zunge hat sich so intensiv und gleichzeitig so einfühlsam und beinahe zärtlich mit dem Tod auseinandergesetzt wie Rainer Maria Rilke. Für Rilke war der Tod ein ständiger Begleiter. Das Thema zieht sich wie ein roter Faden durch sein Gesamtwerk – was ihn nicht daran gehindert hat, heitere, ausgelassene und lebensfrohe Verse zu schreiben; vielleicht ist es ihm sogar gerade deswegen gelungen.

Sie sehen, wir sind schon mitten im Thema: Über das Sterben zu sprechen – ist das etwas ausschließlich Düsteres, Lähmendes? Oder hat die Beschäftigung mit dem Lebensende auch andere Facetten? Lässt sich überhaupt so etwas wie »gutes Sterben« postulieren, wo doch die meisten Menschen eine panische Angst vor diesem unvermeidlichen Ereignis haben? Der tibetische Meister und Buchautor Sogyal Rinpoche *(Das tibetische Buch vom Leben und vom Sterben)* sagte einmal: »If you are afraid of dying, I have good news for you – I can guarantee you that you will all die successfully« (Wenn Sie Angst vor dem Sterben haben, habe ich eine gute Nachricht für Sie: Ich kann Ihnen garantieren, dass Sie alle erfolgreich sterben werden). In der Tat: Keiner von uns würde ernsthaft seine eigene Sterblichkeit anzweifeln. Und dennoch verhalten wir uns oft so, als ob wir davon nichts wüssten oder vielleicht nichts wissen wollten.

Die Frage, ob es so etwas wie ein »gutes Sterben« gibt, wird Palliativmedizinern qua Amt oft gestellt. Die Palliativmedizin ist in den letzten Jahren bekannt geworden als die medizinische Disziplin, die sich um unheilbar Kranke in ihrer letzten Lebensphase kümmert. Im Grunde stellt die Palliativmedizin die Übersetzung des Hospizgedankens in die Akutmedizin dar. Laut der Definition der Weltgesundheitsorganisation hat die Palliativmedizin die Aufgabe der »Verbesserung der Lebensqualität von Patienten und ihren Angehörigen, die mit einer lebensbedrohlichen Erkrankung konfrontiert sind. Dies geschieht durch Vorbeugung und Linderung von Leiden mittels frühzeitiger Erkennung, hoch qualifizierter Beurteilung und Behandlung von Schmerzen und anderen Problemen physischer, psychosozialer und spiritueller Natur.«[1]

Was bedeutet das in der Praxis? Können Palliativärzte wirklich besser einschätzen als andere, was gutes Sterben ist und wie man das bewerkstelligt? Die kurze Antwort vorweg: *Das* gute Sterben gibt es nicht. Warum dies so ist, warum trotzdem die Möglichkeiten für ein gutes Sterben heute viel besser sind als noch vor wenigen Jahren, und warum diese positive Entwicklung gefährdet ist, davon soll im Folgenden die Rede sein.

Geschichtliches

Begonnen hat alles im trüben Nachkriegs-London der 1950er-Jahre, als eine unerschrockene Frau namens Cicely Saunders beschloss, ihren zwei Ausbildungen als Krankenschwester und Sozialarbeiterin noch eine dritte als Ärztin hinzuzufügen – nicht nur zur damaligen Zeit ein höchst ungewöhnlicher Schritt. Sie tat dies, um ihrem Ziel, etwas für die Verbesserung des Schicksals schwerstkranker und sterbender Menschen zu leisten, näher zu kommen. Dabei nahm sie in ihrer Person schon die der Palliativbetreuung innewohnende Multiprofessionalität vorweg: Bis heute sind Medizin, Pflege und soziale Arbeit die drei Kernprofessionen in der Palliativversorgung (Neudeutsch: Palliative

Care). Entsprechend bezeichnete sich Dame Cicely, wie sie nach ihrer Erhebung in den Adelsstand 1979 genannt wurde, mit trockenem britischem Humor als ein »one-person multiprofessional team«.

Mit unwiderstehlicher Überzeugungskraft und eisernem Willen schaffte Cicely Saunders die Voraussetzungen für die Verwirklichung ihres Lebensprojekts: die Gründung des ersten modernen Hospizes, St. Christopher's Hospice. Diese heute schon legendäre, aber immer noch sehr aktive Londoner Einrichtung ist die Wiege der modernen Hospiz- und Palliativbewegung.

Schwerpunkt der Aktivität in St. Christopher's war und ist die Pflege von Menschen in ihren letzten Lebenstagen, in der Mehrzahl Krebspatienten. Menschliche Zuwendung und gute Schmerz- und Symptomlinderung sind die zwei Pfeiler der Betreuung. Noch heute wird Palliativmedizin, ausgehend von diesen historischen Wurzeln, in der öffentlichen Wahrnehmung oft reduziert auf »Morphin und Händchenhalten beim Sterben«. Das ist allerdings weit entfernt von der Realität. Schon früh erkannte Saunders, dass eine gute Palliativbetreuung in mehrfacher Hinsicht umfassend sein muss. Ihre Beobachtungen bildeten die Basis für die Entwicklung des modernen Palliativkonzeptes, das drei weitverbreiteten Fehlwahrnehmungen widerspricht:

Palliativmedizin ist nicht nur Schmerztherapie
In der Betreuung Schwerstkranker und Sterbender macht die rein medizinische Behandlung etwa die Hälfte aus, die andere Hälfte besteht aus psychosozialer und spiritueller Begleitung. Innerhalb des medizinischen Anteils entfällt auf die Schmerztherapie nur etwa ein Drittel, also ein Sechstel der gesamten Betreuung. Dass Palliativmedizin immer noch mit Schmerztherapie gleichgesetzt wird, hat mehrere Gründe, auf die wir noch zurückkommen werden.

Palliativmedizin ist nicht nur für Krebspatienten
Nur etwa 25 Prozent der Menschen in industrialisierten Ländern sterben an Krebs. Die häufigste Todesursache sind Herz-Kreislauf-Erkran-

kungen. Demenzen nehmen aufgrund der demografischen Entwicklung stark zu, nicht zu vergessen die Krankheiten des Nervensystems sowie von Lunge, Leber, Nieren usw. In der Zukunft werden über 90 Prozent der Menschen an chronischen Erkrankungen sterben, die sich aufgrund des medizinischen Fortschritts über viele Jahre und sogar Jahrzehnte hinziehen. Schon zu Beginn der Geschichte von St. Christopher's waren dort Betten für nicht onkologische Patienten reserviert. Diese litten vorwiegend an einer seltenen Nervenerkrankung, der sogenannten amyotrophen Lateralsklerose (ALS) – die Krankheit, an der der Physiker Stephen Hawking leidet und der Maler Jörg Immendorff starb.

Palliativmedizin ist nicht nur Sterbebegleitung
Die Betreuung in den letzten Stunden macht nur einen Bruchteil der Palliativmedizin aus. Es ist mit den heute zur Verfügung stehenden Möglichkeiten nicht sehr schwer, die letzten 24 Stunden eines Menschen friedlich und würdig zu gestalten. Wirklich schwierig und aufwendig ist es aber, einem Menschen in seinen letzten 24 *Monaten* ein beschwerdearmes und lebenswertes Leben zu ermöglichen. Darum geht es aber bei den meisten Menschen, denn das Sterben ist heute ein sehr langer Prozess.

Die moderne Palliativmedizin versucht, diese Punkte in der Praxis zu verwirklichen. Dabei setzt sich die Erkenntnis durch, dass eine gute Palliativbegleitung im Grunde schon mit der Mitteilung der Diagnose einer potenziell lebensbedrohlichen Erkrankung beginnt, selbst wenn es noch viele Therapiemöglichkeiten mit kurativem oder lebensverlängerndem Ansatz geben mag. Daraus lassen sich zwei Schlussfolgerungen ziehen:
1. Palliativmedizin ist Betreuung *für* die letzte Lebensphase, nicht nur *in* der letzten Lebensphase.
2. Palliativmedizin ist Aufgabe aller Ärzte.

Die zweite Schlussfolgerung unterstreicht die Notwendigkeit einer umfassenden Ausbildung in Palliativmedizin für alle Medizinstudierenden. Dieses Ziel ist inzwischen in Deutschland erreicht, allerdings, wie wir sehen werden, nicht widerstandsfrei. Die erste Schlussfolgerung deutet wiederum auf die Notwendigkeit hin, dass die Palliativbetreuung früh im Krankheitsverlauf einsetzen muss, soll sie den Menschen wirklich helfen.

Aber was bedeutet das konkret in der Praxis? Was brauchen die Menschen am Lebensende wirklich? Was erhöht die Chancen für ein gutes Sterben, was verringert sie? Und wie schützt man sich vor einem schlechten Sterben?

Demografisches

Bei Vorträgen über das Lebensende frage ich die Zuhörer gerne nach ihren Wunschvorstellungen für ihr eigenes Sterben und bitte sie, sich zwischen folgenden Möglichkeiten zu entscheiden:

1. einem plötzlichen, unerwarteten Tod aus voller Gesundheit heraus, zum Beispiel durch Herzinfarkt;
2. einem mittelschnellen Tod durch eine schwere, fortschreitende Erkrankung (zum Beispiel Krebs) über circa zwei bis drei Jahre hinweg bei klarem Bewusstsein, mit bester Beschwerdelinderung und Palliativbegleitung;
3. einem langsamen Tod durch eine Demenzerkrankung über einen Zeitraum von acht bis zehn Jahren, auch hier bei bester Pflege und Palliativversorgung.

Etwa drei Viertel der Menschen entscheiden sich für Alternative 1 (unerwarteter Sekundentod). Das übrige Viertel entscheidet sich fast komplett für Alternative 2 (mittelschneller Tod). Nur vereinzelt entscheiden sich Menschen für Alternative 3 (langsamer Tod).

Das zeigt uns schon die Diskrepanz zwischen Wunsch und Wirklichkeit, die dem Leben innewohnt. Alternative 1 wird sich nur bei etwa fünf Prozent der Menschen realisieren. Alternative 2 dürfte circa 40 bis 50 Prozent der Todesfälle verursachen, Alternative 3 in der Zukunft bis zu 30 bis 40 Prozent, Tendenz steigend.

Die nächste Frage, die sich die Menschen in der Regel stellen, lautet: Wo möchte ich sterben? Sie ist etwas leichter zu beantworten: Fast alle Menschen möchten zu Hause sterben. Bei den Ärzten sind es übrigens interessanterweise vor allem die Intensivmediziner, die nicht zu Hause sterben möchten, sondern lieber auf der Intensivstation. Was für viele Menschen die Horrorvorstellung schlechthin ist, nämlich der Tod auf einer Intensivstation, wird hier bemerkenswerterweise explizit gewünscht – allerdings mit einer wichtigen Einschränkung: Die Kollegen möchten nicht auf irgendeiner, sondern ausnahmslos auf *ihrer eigenen* Station sterben. Das hat eventuell doch mehr mit dem Wunsch zu tun, die Kontrolle über das eigene Sterben nicht zu verlieren, als mit der Behaglichkeit der Umgebung.

Wie dem auch sei: Der Wunsch der großen Mehrheit der Deutschen, zu Hause zu sterben, wird sich nach den derzeit vorliegenden Daten nur bei etwa einem Viertel der Bevölkerung erfüllen, die meisten anderen werden entweder in Krankenhäusern oder in Alten- oder Pflegeheimen sterben. Es gibt einen wissenschaftlich gesicherten Hauptfaktor, der notwendig ist, damit sich unser Wunsch, in den eigenen Wänden zu sterben, tatsächlich erfüllt. Nein, nicht Geld. Geld ist wichtig, aber nicht die Hauptsache. Was ist es dann? Gute Ärzte? Das ist nicht ganz falsch, aber erstens gibt es dazu keine Daten (unter anderem, weil Ärzte sich nicht gerne in gute und schlechte einteilen lassen), und zweitens ist es bisher für den Einzelnen schwierig, diesen Faktor selbst zu beeinflussen (Privatpatient zu sein ist keine Garantie für eine gute Versorgung). Ein guter Ehepartner? Das hört sich logisch an, aber da heute die meisten Sterbenden hochbetagt sind und ihre Partner, soweit noch vorhanden, damit in der Regel auch, ist auch das keine gute Voraussetzung für eine Pflege zu Hause. Kinder? Ja, aber welche? Richtig: *Töchter*. Nach den vorliegenden Daten ist nämlich die Wahrscheinlichkeit, von der eigenen Tochter zu Hause gepflegt zu werden, viermal höher als vom eigenen Sohn. Im Vergleich zu den Söhnen ist sogar die Wahrscheinlichkeit höher, von der Schwiegertochter gepflegt zu werden. Es ist also jedem zu raten, als wichtigste Vorsorgemaßnahme für das Lebensende mindestens eine, möglichst aber mehrere Töchter zu zeugen. Wem nur Söhne gelingen, der sollte wenigstens die Auswahl der Schwiegertöchter sehr genau überwachen und sich mit ihnen beizeiten gut stellen.

Philosophisches

Lassen Sie uns den meistgewünschten Sterbeverlauf etwas genauer beleuchten: Es ist nun einmal Tatsache, dass nur zwei Dinge im Leben sicher sind: Erstens, wir werden alle sterben; zweitens, wir wissen nicht, wann. Zur Frage, wie man mit diesen zwei Gewissheiten umgehen sollte, hat der römische Philosoph Seneca Folgendes gesagt:
»Könnte man sich die Zahl der noch zur Verfügung stehenden Lebensjahre so wie die Zahl der vergangenen vor Augen führen, wie würden jene Menschen geängstigt, die nur wenige Jahre vor sich sehen, wie schonend würden sie mit diesen Jahren umgehen. Eine bestimmte, noch so kurze Zeitspanne kann man leicht einteilen. Mit erhöhter Sorgfalt muss man etwas hüten, von dem man nicht weiß, wann es zu Ende geht.« Das Zitat stammt passenderweise aus der Schrift *De brevitate vitae – Von der Kürze des Lebens.*

Dieses Zitat lenkt unsere Aufmerksamkeit auf den von allen philosophischen Schulen und religiösen Traditionen postulierten Zusammenhang zwischen gutem Leben und gutem Sterben. Cicely Saunders selbst sagte:»Es ist nicht das Schlimmste für einen Menschen, festzustellen, dass er gelebt hat und jetzt sterben muss; das Schlimmste ist, festzustellen, dass man nicht gelebt hat und jetzt sterben muss.« Etwas sehr Ähnliches, nur charakteristischerweise noch pessimistischer gefärbt, stellte der Philosoph Arthur Schopenhauer fest:»Es werden die meisten, wenn sie am Ende zurückblicken, finden, dass sie ihr ganzes

Leben hindurch ad interim gelebt haben, und verwundert sein, zu sehn, dass das, was sie so ungeachtet vorübergehen ließen, eben ihr Leben war, in dessen Erwartung sie lebten. Und so ist denn der Lebenslauf des Menschen in der Regel dieser, dass er, von der Hoffnung genarrt, dem Tode in die Arme tanzt.«[2] Wie also der Gefahr eines nicht gelebten Lebens entkommen? Können uns da vielleicht die Sterbenden Hinweise geben? Das scheint in der Tat der Fall zu sein, wie im Folgenden ausgeführt wird.

Wissenschaftliches

Es gibt wissenschaftliche Belege dafür, dass schwer kranke und sterbende Menschen besser wissen als gesunde, worum es im Leben wirklich geht. Das geht unter anderem aus Untersuchungen über die Lebensqualität von Patienten und Gesunden hervor, die eine sogenannte patientengenerierte Methode verwenden. Bei dieser Methode werden die Patienten gefragt, welche Lebensbereiche am wichtigsten für ihre Lebensqualität sind. Die Frage ist offen gestellt, also ohne Vorgabe. Wir haben diese Methode bei ALS-Patienten angewendet (Lebenserwartung circa zwei Jahre). Heraus kam – nicht überraschend –, dass die zwei wichtigsten Lebensqualitätsbereiche Gesundheit und Familie sind. Was indes überraschte, war, dass 100 Prozent der Befragten die Familie angaben, aber nur 51 Prozent die Gesundheit. Diejenigen Patienten, die die Gesundheit nicht nannten, hatten eine signifikant höhere Lebensqualität.[3] Darüber hinaus lassen sich bei dieser Methode mittels eines etwas komplizierten Verfahrens die interne Reliabilität und Validität (das heißt die Beständigkeit und Zuverlässigkeit) der Antworten messen. Das Verfahren wurde bei vielen Patientengruppen und bei gesunden Personen angewendet. Die bei Weitem höchste Zuverlässigkeit der Antworten fand sich bei Palliativ- und ALS-Patienten. Diese Menschen wissen also nachweislich besser als Gesunde über ihre Prioritäten im Leben Bescheid.

Dazu passen die Daten aus einer Untersuchung über die Wertvorstellungen Sterbender, die der Psychotherapeut Martin Fegg in München durchgeführt hat. Menschen, die den Tod vor Augen haben, entdecken die Wichtigkeit der anderen: Praktisch alle schwerstkranken Menschen zeigen, unabhängig von ihrer Religion oder der Art ihrer Krankheit, eine Verschiebung ihrer persönlichen Wertvorstellungen hin zum Altruismus – christlich formuliert: hin zur Nächstenliebe. Diese Verschiebung führt wiederum zu einer Verbesserung der Lebensqualität trotz Beschwerden und begrenzter Lebenserwartung.[4] Im Angesicht des Todes erkennen die Menschen also, worauf es wirklich ankommt. Die Frage drängt sich also auf: Wieso müssen wir erst kurz vor dem Tode stehen, um zu erkennen, dass Altruismus glücklich macht?

Interessanterweise lässt sich beobachten, dass in der Untersuchung über die Bereiche, die für die Lebensqualität wichtig sind, über 80 Prozent der Palliativpatienten mindestens einen existenziellen oder spirituell/religiösen Bereich nannten, viel häufiger als gesunde Menschen. Diese Fragen scheinen eine umso größere Bedeutung zu bekommen, je näher man sich dem Tod fühlt. In Psalm 90 steht (in der Luther-Übersetzung):»Herr, lehre uns bedenken, dass wir sterben müssen, auf dass wir klug werden.« Auch der Buddha sagte:»Von allen Meditationen ist die über den Tod die höchste.« Wenn man über den Tod nachdenkt, treten spirituelle Themen wie von selbst auf. Wir haben dazu eine Untersuchung durchgeführt: Wenn in der Klinik ein Patient gefragt wird:»Möchten Sie mit dem Seelsorger sprechen?«, ist die häufigste Antwort:»Ist es denn schon so weit mit mir?« Wenn wir aber – als Ärzte! – die Patienten fragen:»Würden Sie sich im weitesten Sinne des Wortes als gläubigen Menschen bezeichnen?«, lautet die Antwort in 87 Prozent der Fälle»Ja«. Das sind neun von zehn Patienten – und das in unserer angeblich weitgehend säkularisierten Gesellschaft. Wobei sich auch hier der allgemeine gesellschaftliche Trend des *believing without belonging* zeigt, also des Glaubens als persönliche Erfahrung ohne Notwendigkeit der Rückbindung *(re-ligio)* an eine institutionalisierte Glaubensgemeinschaft.

Pragmatisches

Zunächst sei die wichtigste Erkenntnis hier noch einmal betont: *Das gute Sterben gibt es nicht.* Jeder Mensch stirbt anders, und die meisten Menschen sterben ungefähr so, wie sie gelebt haben. Wer heiter und leicht lebt, wird eher auch so sterben; eine Kämpfernatur wird kämpfen bis zum Schluss. Ich erinnere mich an eine Patientin, die bei jeder Visite um Symptome, die jedem Behandlungsversuch zu trotzen schienen, ein regelrechtes Theater veranstaltete. Irgendwann machten wir uns klar: Die Dame war Opernsängerin. Sie war ihr Leben lang eine Diva gewesen – damit würde sie nun auch auf der Palliativstation nicht aufhören. Sobald wir uns stillschweigend über den Aufführungscharakter dieser Visiten verständigt hatten, war alles gut. Sie konnte ihren eigenen Tod sterben.

Genau darum geht es in der Palliativbetreuung: Jedem Menschen zu ermöglichen, den ihm – mit seiner Biografie, seinen Ängsten, Sorgen und Wünschen – angemessenen Tod zu sterben. Wenn ich in den vielen Jahren als Palliativmediziner etwas gelernt habe, dann dies: mich immer mehr mit meinen eigenen Vorstellungen, wie ein gutes Sterben auszusehen hat, zurückzuziehen, um dem Patienten seinen Raum zu lassen. Das ist nämlich die eigentliche Aufgabe der Palliativbegleitung: die Hindernisse wegzuräumen, die zwischen dem Menschen, der sich uns anvertraut, und seinem eigenen Tod stehen. »To provide space«, einen Raum schaffen, wie es Cicely Saunders ausdrückte. Wir sind in diesem Sinne nicht Sterbebegleiter, sondern vielmehr Hebammen für das Sterben. Ich habe mich häufig gewundert, welche beeindruckenden Entwicklungen Menschen in ihrer letzten Lebensphase durchmachen können. Aber ob sie dies tun oder nicht, liegt weder in unserer Hand, noch ist es ein Erfolgsparameter unserer Arbeit.

Welche Mittel stehen uns zur Verfügung, um diese Aufgabe des »Raumschaffens« zu bewältigen? Die vier Säulen der Palliativbetreuung sind – im Sinne der WHO-Definition – Kommunikation, medizinische Therapie, psychosoziale Betreuung und spirituelle Begleitung.

Dabei spielt Kommunikation die wichtigste Rolle: Allein ist sie zwar nicht ausreichend, aber ohne Kommunikation sind die besten Fachkenntnisse wenig wert. Dasselbe gilt für die medizinische Therapie: Ohne eine adäquate Symptomlinderung ist eine gute Palliativbegleitung unmöglich, aber eine alleinige Behandlung der Symptome ohne psychosoziale und spirituelle Begleitung reicht nicht aus. Ein indianischer Häuptling sagte einmal:»Suffering begins where the pain ends« (Das Leiden beginnt dort, wo der physische Schmerz aufhört).

Aus diesen Gründen sind Palliativteams immer multiprofessionell besetzt, mit Ärzten, Pflegenden, Sozialarbeitern, Psychotherapeuten und Seelsorgern. Doch das hat auch seine Tücken: Einer der Begründer der modernen Palliativmedizin, Dr. Balfour Mount aus Montreal, pflegte zu sagen:»So you worked in teams? Show me your scars.« (Ach, Sie haben in Teams gearbeitet? Zeigen Sie mir Ihre Narben). Abgrenzungs- und Überschneidungsprobleme ergeben sich durch diese komplexe Multiperspektivität von selber, und jede Profession muss sich damit abfinden, ein Stück ihrer bisherigen Deutungshoheit zu verlieren. Erfahrungsgemäß fällt dies Ärzten und Seelsorgern am schwersten.

Im interdisziplinären und multiprofessionellen Ansatz der Palliativbetreuung steckt allerdings auch die Chance einer Erneuerung der gesamten Medizin, die mit einem Rückgriff auf deren uralte humanistische Wurzeln verbunden ist. Entsprechend der WHO-Definition konnte in den letzten Jahren an der Universität München ein bisher weltweit einzigartiges Netzwerk an Stiftungsprofessuren im Palliativbereich etabliert werden, bestehend aus einem Lehrstuhl für Palliativmedizin, einer Professur für Kinderpalliativmedizin, einer Professur für Soziale Arbeit in Palliative Care (besetzt mit einer Kommunikationswissenschaftlerin und Sozialarbeiterin) sowie einer mit zwei Theologen ökumenisch besetzten Professur für Spiritual Care. Dies führte allerdings zu gewaltigen Widerständen seitens der Fakultät, die den Fortbestand dieses Netzwerks derzeit erheblich gefährden. Womit wir bei einem kritischen Thema wären: die systemimmanenten Widerstände gegen die Palliativmedizin.

Politisches

Derzeit wird die Palliativmedizin von den Medien und der Politik einstimmig hochgepriesen – fast zu sehr für meine Begriffe, man hat gelegentlich den Eindruck einer Art säkularen Seligsprechung, was die Gefahr der Selbstüberhöhung der Protagonisten in der Palliativ- und Hospizarbeit mit sich bringt.

Auf der anderen Seite ist die Palliativmedizin im »klassischen« Medizinbetrieb, und insbesondere in der universitären Medizin, nach wie vor nicht unumstritten, sie hat sogar mächtige Gegner. Als beispielsweise der Bundestag 2009 ein Gesetz verabschiedete, um die Palliativmedizin als Pflichtlehr- und Prüfungsfach in das Medizinstudium einzuführen (eine Selbstverständlichkeit, sollte man meinen, da jeder klinisch tätige Arzt auch Schwerstkranke und Sterbende betreut), versuchte der Medizinische Fakultätentag, die Vereinigung aller medizinischen Fakultäten Deutschlands, das Gesetz im Bundesrat noch zu Fall zu bringen. Das konnte nur dadurch verhindert werden, dass die Bundesvereinigung der Medizinstudierenden sich vehement für das neue Fach im Studium einsetzte.

Warum ist die Palliativmedizin im Medizinsystem so unbeliebt? Sie stellt der modernen, technologisch und pharmakologisch orientierten Medizin unbequeme Fragen: Ist wirklich immer alles sinnvoll, was machbar ist? In letzter Zeit sind erstaunliche Erkenntnisse hinzugekommen, die das »Bedrohungspotenzial« der Palliativmedizin noch erhöht haben: Im August 2010 wurde in der weltweit angesehensten medizinischen Fachzeitschrift *New England Journal of Medicine* eine Studie aus der Harvard Medical School in Boston publiziert, bei der zwei Gruppen von Patienten mit fortgeschrittenem Lungenkrebs verglichen wurden. Die erste Gruppe bekam die übliche Therapie, bei der zweiten Gruppe wurde frühzeitig die Palliativmedizin in die Betreuung integriert. Das Ergebnis: Die Patienten in der Palliativgruppe hatten eine höhere Lebensqualität, litten weniger an depressiven Symptomen, bekamen seltener Chemotherapie am Lebensende (was gleichzeitig eine Kostenreduktion bedeutete) und lebten im Durchschnitt *drei Monate länger* als die Patienten ohne Palliativbegleitung.[5]

Zum Vergleich: In den letzten Jahren hat die Pharmaindustrie eine ganze Reihe sehr teurer Krebsmedikamente auf den Markt gebracht, unter anderem sogenannte monoklonale Antikörper. Kürzlich wurde ein solcher Antikörper zur Therapie einer seltenen Krebsart in Deutschland zugelassen. Die durchschnittliche Verlängerung der Lebenszeit beträgt etwa drei Monate, allerdings um den Preis von schweren und sehr häufigen Nebenwirkungen; Kostenpunkt: 100 000 Euro pro Patient. Würden alle 2000 Patienten, die an dieser Krebsart pro Jahr in Deutschland sterben, mit diesem Antikörper behandelt (worauf sie einen Anspruch haben), kostete dies die Krankenkassen 200 Millionen Euro jährlich – und das für *weniger als ein Prozent der Krebstoten* pro Jahr. Ließe man ähnliche Medikamente für alle zum Tode führenden Krebserkrankungen zu (woran die Pharmaindustrie kräftig arbeitet), ergäbe das Ausgaben von über 20 Milliarden Euro jährlich. Dagegen haben die Kassen für die ambulante Palliativversorgung im gesamten Bundesgebiet im Jahr 2010 gerade einmal 56,2 Millionen Euro einschließlich Arznei-, Heil- und Hilfsmittel ausgegeben.

In ganz Deutschland wie auch in anderen europäischen Ländern wie Italien oder Österreich tobt seit Jahren ein Machtkampf um die Beherrschung des Fachs Palliativmedizin, der von der Öffentlichkeit weitgehend unbemerkt abläuft, aber große Gefahren für die Versorgung Schwerstkranker und Sterbender insgesamt birgt. Die beiden Kontrahenten, die die Kontrolle über die Palliativmedizin für sich reklamieren, sind mächtige Fächer: die Anästhesie und die Onkologie. Erstere begründet ihren Anspruch mit dem Hinweis auf die zentrale Rolle der Schmerztherapie in der Palliativmedizin, Letztere auf den hohen Anteil von Krebspatienten in Palliativeinrichtungen.

Beide Ansprüche halten einer Überprüfung durch die Realität nicht stand: Zwar sind tatsächlich – aus den genannten historischen Gründen – über 90 Prozent der Patienten in deutschen Palliativstationen und Hospizen Krebspatienten, aber nur ein Viertel der Bevölkerung stirb an Krebs. Die Palliativversorgung von drei Vierteln der Bevölkerung wäre demnach praktisch unmöglich, wenn Palliativstationen nur innerhalb von Krebsabteilungen entstehen könnten.

Der Anspruch der Anästhesie wiederum beruht auf einer vermeintlichen Gleichsetzung von Palliativmedizin und Schmerztherapie. In der Tat wird in der Öffentlichkeit und in den Medien der Begriff »Palliativmedizin« oft vermieden und umschrieben mit »lindernder Medizin« oder gleich mit »Schmerztherapie für Sterbende«. Palliativmedizin ist aber, wie oben dargestellt, weit mehr als nur Schmerztherapie, deren Anteil innerhalb der gesamten Palliativbetreuung etwa ein Sechstel beträgt. Jede Gleichsetzung von Palliativmedizin und Schmerztherapie ist deshalb als realitätsfern zu betrachten.

Und doch versuchte das Bundesgesundheitsministerium noch Anfang 2012, das Fach Palliativmedizin, das gerade eben Einzug in den Fächerkanon der Medizin gefunden hatte, dank entsprechender Lobbyarbeit umzubenennen in »Palliativ- und Schmerzmedizin«. Dabei sind dies zwei grundverschiedene Fächer, die nur eine Schnittmenge von circa 15 Prozent aufweisen. Die Folge wäre gewesen, dass an praktisch allen medizinischen Fakultäten Deutschlands die Anästhesie die Kontrolle über die Palliativmedizin und deren Lehrinhalte übernommen hätte. Auf der Strecke geblieben wäre der multiprofessionelle und über das rein Medizinische hinausweisende Ansatz der Palliativbetreuung, das heißt deren psychosoziale und spirituelle Komponenten. Das haben wiederum die Studierenden schnell erkannt und sich öffentlich für den Erhalt der Palliativmedizin als eigenständiges Lehrfach ausgesprochen. Mit viel Mühe konnte dieser erneute Angriff auf die Palliativmedizin im Mai 2012 im Bundesrat abgewehrt werden.

Warum bemühen sich angestammte, große Fächer so sehr um die Beherrschung der »kleinen« Palliativmedizin? Warum hatte die Deutsche Gesellschaft für Palliativmedizin nach ihrem Gründungspräsidenten ausschließlich Anästhesisten an ihrer Spitze? Zum Verständnis scheinbar irrationaler Entwicklungen hilft oft die Nachfrage, wem diese nützen. Dabei fällt auf, dass die Gleichsetzung von Palliativmedizin und Schmerztherapie eindeutige Vorteile für die pharmazeutische Industrie hat, die ihre Umsätze nun einmal nicht mit spiritueller Begleitung, sondern mit Schmerzmitteln und Chemotherapeutika macht. Ein Großteil der Umsätze im Gesundheitswesen wird in den letzten zwei Lebensjahren eines jeden Menschen erwirtschaftet. Die Palliativmedizin als hörende Medizin, die die Frage aufwirft, ob wirklich alles Machbare auch sinnvoll ist, stellt insoweit eine zwar menschenfreundliche, aber für den pharmazeutisch-industriellen Komplex ernsthafte Umsatzgefährdung dar.

Zum Schluss eine kleine Geschichte: Frau W., eine 87-jährige Patientin mit Brustkrebs im Endstadium, die ich wegen »Unruhe« sehen sollte, entpuppte sich bei der Untersuchung als eine charmante, zierliche alte Dame ohne akute physische Beschwerden. Als ich sie über ihre Ängste befragte, erzählte sie, dass sie eine furchtbare Angst vor dem Sterben und vor dem habe, was möglicherweise danach kommen könnte. In der darauffolgenden Stunde erzählte sie mir ihr gesamtes Leben, und ich hörte ihr zu, ohne ihren Monolog zu unterbrechen. Danach war sie etwas ruhiger und wir verabschiedeten uns. Ich hatte bei dem Besuch natürlich alle Insignien getragen, die auf meinen Beruf hinwiesen, den weißen Kittel mit dem Namenszug, das Stethoskop usw. Als aber am Nachmittag der für die Station zuständige Seelsorger seine Runde drehte, begrüßte sie ihn mit den Worten: »Sie brauchen heit net kemma, der Herr Pfarrer war scho do.«

Diese Anekdote regt zum Schmunzeln an, aber auf den zweiten Blick stellt sich die Frage, was dies über unser Gesundheitssystem aussagt, wenn ein Arzt, der nichts anderes tut, als zuzuhören, von einer geistig völlig klaren Patientin unbewusst in einen anderen Beruf transferiert wird, weil dieses Verhalten offenbar mit ihrem Konzept eines Arztes – zumal in einem Universitätsklinikum – nicht in Einklang zu bringen ist.

Versöhnliches

Was uns allen zu wünschen ist, ist ein nüchterner und gelassener Blick auf die eigene Endlichkeit. Dies erfordert eine ruhige und wiederholte Reflexion, am besten im Dialog mit den Menschen, die uns am nächsten stehen. Leider passiert dies im Leben eher selten, und wenn, dann oft sehr spät. Nehmen wir uns – hier und jetzt – die Zeit dafür. Das ist die vielleicht wichtigste Voraussetzung, um jenes Ziel zu erreichen, das wiederum Rainer Maria Rilke unvergleichlich formuliert hat:

> O Herr, gib jedem seinen eignen Tod.
> Das Sterben, das aus jenem Leben geht,
> darin er Liebe hatte, Sinn und Not.

Anmerkungen

1 World Health Organization: *National Cancer Control Programmes: policies and managerial guidelines.* 2nd ed., WHO, Genf 2002, S. 83–91.

2 Schopenhauer, Arthur: *Die Welt als Wille und Vorstellung.* Köln 2009.

3 Neudert, Christian; Wasner, Maria; Borasio Gian Domenico:»Patients' assessment of quality of life instruments: a randomised study of SIP, SF-36 and SEIQoL-DW in patients with amyotrophic lateral sclerosis.« In: *Journal of the Neurological Sciences*, Bd. 191, 2001, S. 103–109.

4 Fegg, Martin J. et al.:»Personal values and individual quality of life in palliative care patients.« In: *Journal of Pain and Symptom Management*, Bd. 30, 2005, S. 154–159.

5 Temel, Jennifer S. et al.:»Early palliative care for patients with metastatic non-small cell lung cancer.« *New England Journal of Medicine*, Bd. 363, 2010, S. 733–742.

Friedrich Wilhelm Graf
Dient Religion dem guten Leben?
Ein Plädoyer gegen jede Selbstverabsolutierung

Die Frage »Dient Religion dem guten Leben?« ist von sympathischer Übersichtlichkeit. Sie scheint sich zunächst schnell und leicht beantworten zu lassen: Fromme Menschen sind in aller Regel davon überzeugt, dass sie ihr Glaube zu einem gottwohlgefälligen, guten Leben befähigt. Sie suchen im Alltag, den Geboten Gottes – genauer: ihres Gottes – zu folgen, und sind gewiss, damit ein gutes Leben zu führen. Auch sind sie überzeugt, dass die Welt insgesamt besser wäre, wenn auch viele andere ihren Glauben teilten und ein gottgetreues Leben führten. Fromme Menschen sind Überzeugungstäter. In ihrer innerlichen Bindung an Gott kennen sie in elementarer, existenzieller Gewissheit den Unterschied von Gut und Böse, Heil und Verderben, gottgewolltem und sündhaftem Leben. In Ritus und Rede bekunden sie: Unser Glaube führt uns auf den Weg zum guten Leben. So geben sie auf die Frage »Dient Religion dem guten Leben?« eine klare Antwort: »Unser Glaube leistet dies.«

Was für fromme Menschen unmittelbar evident ist, sehen viele religionskritische, säkulare Zeitgenossen eher skeptisch. Zwar können diese Glaubensfernen Tag für Tag am Lebenswandel der Frommen beobachten, wie Gottesglaube Habitus formt und Handeln prägt. Auch schätzen sie positive, weil sozial nützliche Folgewirkungen gelebten Glaubens: etwa die Hilfsbereitschaft der Frommen, ihre Empathie mit Schwachen und Kranken, die starke Kraft der Solidarität, die Gottesglaube stiften und stärken kann. Aber sie können, gerade in der Gegenwart, zugleich auch problematische, sozialpathologische Züge religiösen Bewusstseins wahrnehmen: die Neigung vieler Frommer zu Unduld-

samkeit und Intoleranz, ihre Herabsetzung Andersgläubiger, sektie-
rerische Tendenzen zur Abschottung von der sonstigen Gesellschaft.
Offenkundig ist die Frage »Dient Religion dem guten Leben?« schwieriger und voraussetzungsreicher, als sie *prima facie* erscheint.
Zu ihrer Beantwortung bedarf es nicht nur eines analytisch präg-
nanten, trennscharfen Begriffs der Religion. Man muss vielmehr auch
Kriterien zur Unterscheidung von guter und weniger guter Religion
benennen können. Wie und worin unterscheidet sich eine Religion,
die dem guten Leben dient, von einer Religion, die in ein gar nicht
gutes Leben führt? Religion ist nicht als solche gut. Deshalb braucht
man den Mut zur Unterscheidung und analytische Distinktionskraft.
So polymorph die vielen Glaubenswelten sind, so vielgestaltig sind
auch die Ideale guten Lebens, die in Heiligen Schriften, uralten Mythen
und theologischen Ethiken gelehrt werden. Religiöse Ethik ist nicht als
solche gut. So muss man nicht nur zwischen Religion und Religion,
sondern auch zwischen den konkurrierenden Typen religiöser Ethik
unterscheiden lernen. Erst dann lässt sich sagen, ob und wie Religion
dem guten Leben dienen kann. Doch was macht ein Leben gut? Weil
dies von Religion zu Religion ganz unterschiedlich beantwortet wird,
steigt nur der Distinktionsbedarf.

Was beschreiben Religionen?

»Religion« ist ein europäischer Begriff des 17. Jahrhunderts. Zwar hatten christliche Theologen schon sehr viel früher zwischen *vera religio*
und *falsa religio* unterschieden, um die Überlegenheit ihres eigenen
Glaubens an die universelle Heilsbedeutung der Menschwerdung Gottes in Jesus von Nazareth gegenüber den Glaubensweisen der »Heiden«
zu betonen. Aber mit der Entdeckung bisher unbekannter oder ferner
Glaubenswelten in Ländern und Kontinenten, die man bisher kaum
oder gar nicht gekannt hatte, wuchs in der Frühen Neuzeit auch der
Bedarf an Ordnungsbegriffen, um die neu erschlossene, oft irritie-

rende religiöse Vielfalt sichten und deuten zu können. Religion ist ein solcher Ordnungsbegriff, von europäischen Gelehrten um 1700 in der Absicht geprägt, in ganz unterschiedlichen Glaubenswelten strukturell identische Elemente zu entdecken. Aber gibt es überhaupt solche Gemeinsamkeiten? Seit gut 200 Jahren streiten gelehrte Glaubensdeuter fortwährend darüber, wie der Religionsbegriff genau zu bestimmen ist. Gerade in der Gegenwart wird ein sogenannter »allgemeiner Religionsbegriff« höchst kontrovers diskutiert. Darf ein okzidentaler Klassifikationsbegriff auch auf außereuropäische Kulturen angewendet werden? Lassen sich so verschiedene Deutungswelten wie der Hinduismus, der Islam, das Judentum, der Buddhismus, der Schintoismus und das Christentum überhaupt sinnvoll miteinander vergleichen? Die postkolonialen Debatten um diese Fragen haben bisher erst wenig Klarheit gebracht. Nur wenige Intellektuelle bestreiten jedoch, dass man prägnante idealtypische Begriffe braucht, um die so bunte, widersprüchliche und nicht selten auch verstörende Vielfalt menschlicher Glaubensweisen deuten zu können.

Man kann Religion als rituelle Praxis, als symbolische Vergemeinschaftung durch Kultus und Liturgie beschreiben. Dann tritt die Handlungsdimension in den Vordergrund. Zumeist ist religiöses Handeln jedoch sprachlich vermittelt. So lässt sich Religion auch über die mögliche Besonderheit von Glaubenssprachen erfassen. Dieser Weg liegt nahe, will man religiös geprägten Habitus beziehungsweise die Eigenart religiöser Lebensführung in den Blick nehmen. Religiöse Sprachwelten sind Deutungssysteme mit einem unüberbietbar hohen Allgemeinheitsanspruch. Auch wenn sie vom Hier und Jetzt reden, geht es in ihnen doch immer um das »Ganze« der Wirklichkeit, um das Leben überhaupt. In religiösen Symbolsprachen werden überkomplexe Wirklichkeit und chaotische Vielfalt so geordnet, dass sie trotz aller erfahrbaren Widersprüchlichkeit von Welt und Leben als kohärent erscheinen. Oft wird chaotisch unbestimmte Fülle auf das eine, etwa den persönlichen Schöpfergott, den Urgrund alles Seienden oder ein erstes Prinzip, zurückgeführt und gewinnt so Bestimmtheit und Struktur. Gerade in den Schöpfungsmythen, die sich in allen religiösen Überlieferungen der Menschheit finden, geht es um Reduktion von chaotischer Komplexität auf ordnungsstiftenden Uranfang. Seit dem 17. Jahrhundert sprechen jüdische wie christliche Theologen gern von »Schöpfungsordnungen«, die der Schöpfergott der von ihm geschaffenen Welt eingestiftet habe. Im 19. Jahrhundert greifen muslimische Gelehrte diesen Sprachgebrauch auf. Für christliche, jüdische und muslimische Schöpfungsdiskurse gilt: »Schöpfungsordnungen« bilden jenen allgemeinsten Ordnungsrahmen, der allem menschlichen Handeln immer schon als unverfügbar vorausliegt. So bilden Glaubenssprachen der Schöpfung eine Brücke zur religiösen Ethik: Gut ist das Leben der Frommen, wenn es den von Gott seiner Schöpfung eingestifteten Ordnungen entspricht.

Religiöse Sprachen erschließen den Gläubigen ganz eigene Zeithorizonte. Indem sie zwischen Zeit und Ewigkeit unterscheiden, stärken sie nicht nur die Wahrnehmungssensibilität für die Vergänglichkeit endlichen Lebens. Vielmehr eröffnen Glaubenssprachen den Frommen auch Ordnungen von Zeit und Geschichte, in die sie ihre je individuelle Lebensgeschichte einzeichnen können. In religiös symbolisierten Zeithorizonten kann jedes Individuum sein vergängliches Leben auf einen unüberbietbar allgemeinen Sinnzusammenhang hin überschreiten. So gewinnt es die Kraft, sich zur Fragilität des eigenen Lebens konstruktiv zu verhalten. Religiöse Sprachen machen die elementare Kontingenz in jedem menschlichen Leben in der Weise transparent, dass ihr, im gleichsam kontrafaktischen »Dennoch«, Sinn zugeschrieben werden kann. Religiöse Symbolsprachen eröffnen den Frommen Horizonte der Transzendenz. So wächst die Einsicht, dass die Wirklichkeit der Welt und erst recht das Leben des Menschen noch sehr viel mehr und anderes ist, als man zunächst wahrzunehmen vermag. Mit religionsspezifischen Grundunterscheidungen wie Ewigkeit und Zeit, Jenseits und Diesseits, Himmel und Erde wird die Fähigkeit gestärkt, den flüchtigen Lebensmoment ernst zu nehmen. »Herr, lehre uns bedenken, daß wir sterben müssen, auf daß wir klug werden«, heißt es im

90. Psalm. Glaubenssprache sensibilisiert für Kontingenz und Vergänglichkeit. Sie lehrt uns bedenken, wie dünn das Eis ist, auf dem wir Tag für Tag gehen – indem sie daran erinnert, dass wir immer schon getragen sind. Und sie bietet wunderbare Bilder der Einzigartigkeit jedes einzelnen Individuums:»Ich habe dich bei deinem Namen gerufen, du bist mein.« Im Lukasevangelium kann man lesen:»Freut euch aber, daß eure Namen im Himmel geschrieben sind.« Dies sind Symbolisierungen von Individualität, die vergleichbar stark und intensiv wohl nur in ästhetischer Sprache entfaltet werden können.

In religiöser Symbolsprache werden, sozialwissenschaftlich gewendet, unüberbietbare Allgemeinheit – die welthafte Wirklichkeit insgesamt – und ein prinzipielles Eigenrecht des Individuellen miteinander verknüpft. Gerade in ihren Transzendenzbildern stärkt Glaubenssprache die Einsicht, dass jeder Einzelne immer auch das ganz andere der Gesellschaft repräsentiert und niemand in jenen sozialen Relationen aufgeht, durch die er, soziologisch gesehen, definiert ist. Die Gesellschaft funktioniert nach einer Logik der Austauschbarkeit, derzufolge jeder Mensch in der Vielfalt seiner Rollen durch andere ersetzt werden kann. Viele Religionen erkennen dem Individuum hingegen innerweltliche Transzendenz zu. Sie symbolisieren ein starkes Jenseits der bloßen Funktionalität, indem sie von einer ewigen, unvergänglichen Würde jeder Person als eines je eigenen Ebenbildes Gottes erzählen – etwa in eschatologischen Geschichten von Auferstehung und ewigem Leben. So bieten die Sprachen des Glaubens auch die Chance, über sonst kaum Sagbares zu reden: über Scheitern und Krankheit, Schuld und Versagen. Gewiss können diese Lebensphänomene auch in rein säkularen Sprachen thematisiert werden, vor allem in den Sprachen der Kunst. Aber in den Symbolsprachen der Religion lassen sich Sünde und Verderben, Schuld und Schicksal ungleich plausibler, erfahrungsdichter mit Vergebung und Gnade, Erlösung und Heil verbinden als in anderen Sprachen – selbst in den Bildsprachen von Dichtung, bildender Kunst und Musik.

Die ideale Lebensführung der Frommen

Die Religionen haben kein einheitliches Konzept guten Lebens entwickelt. In ihnen werden höchst gegensätzliche Ideale guten Lebens tradiert. Religionen unterscheiden sich in der materialen Bestimmung der Heilsgüter, die sie den Gläubigen anbieten und zueignen wollen. Auch sind sie durch tief greifende Gegensätze in der Auslegung und Vermittlung von Heilsgewissheit bestimmt. Weiterhin differieren sie in der Art der Korrelation von spezifisch religiösen Gütern (wie Seelenfrieden, Befreiung von Sündenangst, Auslöschung des sündhaften Ichs, Gemeinschaft mit Gott, Erlösung) und ethischen Forderungen. So binden bestimmte Religionen die Chance, das Heilsgut erwerben zu können, an die Bedingung eines äußerst disziplinierten, rigiden Lebenswandels, wohingegen andere Religionen dem frommen Einzelnen bezüglich der Art und Intensität der Befolgung religiös geforderter Maximen einen relativ großen Spielraum lassen. Manche religiöse Ethiken empfehlen Askese, Weltdistanz und kontemplative Konzentration aufs eigene Seelen-Ich. Andere erklären, genau umgekehrt, Weltbemächtigung und harte Arbeit zu Gottes wichtigstem Gebot. Immer gilt jedoch: Religiöse Deutungssysteme vermitteln mit einem bestimmten Gesamtbild der Welt auch Muster idealer Lebensführung der Frommen. Im Medium religiöser Symbolsprachen werden die Grundunterschiede von Heil und Verderben, Gut und Böse, Tugend und Sünde eingeschärft. Mit Blick auf die jeweils erstrebten oder offerierten Heilsgüter werden Tabuschranken errichtet und gottwidrige, sündhafte Verhaltensweisen mit Sanktionen belegt.

Ein tugendhafter, dem Willen Gottes entsprechender Lebenswandel wird religiös prämiert, indem dem Frommen besondere Anerkennung durch andere Gläubige und Verehrung innerhalb der Gemeinde zugesagt oder außerweltliche, jenseitige Belohnungen verheißen werden. Die Besonderheit von hoch entwickelten religiösen (im Unterschied zu rein säkularen) Ethiken liegt jedoch darin, dass der ethische Verpflichtungsgehalt nicht erfolgsbezogen definiert wird. In hoch entwickelten religiösen Ethiken werden das Handeln und die Prämien des Handelns entkoppelt. Religiöse Ethik ist dann erfolgsunabhängig. Der Fromme folgt dem Gebot Gottes nicht um des Erfolges willen, sondern handelt allein mit der Intention, dem absolut bindenden Gotteswillen Genüge zu tun. Im radikalen Fall vertraut er Gott so weit, dass er gar nicht fragt, ob sein jenseitiges Schicksal verdient ist oder nicht. Insoweit gilt: Je intensiver der Grad der Frömmigkeit eines Menschen ist, desto strenger folgt er in der Regel auch den seinem Glauben inhärenten ethischen Maximen. Ernst genommener religiöser Glaube prägt die Lebensführung eines Menschen sehr viel stärker als Überzeugungen oder Gewissheiten anderer Art.

Religiöse Symbolsysteme unterscheiden sich auch in der Einschätzung der Fähigkeit des Menschen, Gottes Geboten folgen zu können. Nahezu alle religiösen Ethiken warnen jedoch vor der Hochschätzung äußerer Erfolge. Das gute Leben sei keineswegs gleichbedeutend damit, dass es einem gut gehe. In vielen religiösen Ethiken wird davor gewarnt, Wohlstand und Wohlergehen mit dem guten Leben zu identifizieren. Oft wird das gute Leben als ein elementar anderes, neues Selbstverhältnis des Menschen beschrieben. Falsches Leben sei ein Leben in Sünde. Sünde wird, vor allem in protestantischen Diskursen, dabei nicht als eine einzelne falsche Tat, als sogenannte Tatsünde, oder Sequenz falscher Taten, sondern als existenzielle Fehlorientierung des Menschen, als falsches, entfremdetes Bewusstsein gedeutet. Sünde sei absolut gesetzte *amor sui*, narzisstische Egozentrik, ganz im Sinne von Luthers traurigem *homo incurvatus in se*. Der Sünder bleibe in eine präreflexive Unmittelbarkeit des eigenen Ichs gebannt. Gute Lebensführung zeichne sich demgegenüber durch Distanz zur eigenen Unmittelbarkeit aus. Gelingendes Leben wird religiös deshalb durch gesteigerte Nachdenklichkeit, einen Gewinn an Reflexivität bestimmt. Ein gutes Leben führt, wer so über sich nachzudenken vermag, dass er der Grenzen seiner selbst innewird.

So unterschiedlich die vielen religiösen Ethiken im Einzelnen auch sind – viele stimmen darin überein, dass der Mensch als vornehmstes

Geschöpf nicht Schöpfer seiner selbst ist. Er lebe aus Voraussetzungen, die er selbst nicht garantieren könne. Wer zwischen Schöpfer und Geschöpf prägnant zu unterscheiden wisse, sehe sich von Allmachtsfantasien entlastet und könne die Einsicht pflegen, dass all seinen kreativen Akten immer schon Größeres, Umfassenderes vorausliege; das ist eine heilsame Einsicht, die vor Selbstüberschätzung oder gar sündhafter Selbstverabsolutierung ebenso bewahrt wie vor jenem Hochmut, dem schon bald der Fall folgt. In vielen religiösen Ethiken wird deshalb gelehrt, dass man sich Zeit zum Nachdenken nehmen soll. Auch dient das Beten zur Stärkung und Steigerung von Reflexivität. »Wer geduldig ist, der ist weise; wer aber ungeduldig ist, offenbart seine Torheit«, heißt es in einem Weisheitstext des Alten Testaments. Die Makarismen, Seligpreisungen der weisheitlichen Überlieferung sprechen demjenigen Heil zu, der sein Leben nach einem klaren ethischen Plan, ausgerichtet auf ein gutes Ziel, führt: »Das ist des Klugen Weisheit, daß er achtgibt auf seinen Weg« (Sprüche 14,8). »Wohl dem Menschen, der Weisheit erlangt, und dem Menschen, der Einsicht gewinnt. Denn es ist besser, sie zu erwerben, als Silber, und ihr Ertrag ist besser als Gold« (Sprüche 3,13 f.). Gute Taten zeitigen langfristig gute Folgen. Das aber kann man nicht selbst bewirken oder erzwingen, sondern nur erfahren, als einen Segen Gottes. »Und der Herr war mit Joseph, so daß er ein Mann wurde, dem alles glückte«, heißt es in der Josephserzählung, der wichtigsten fiktionalen Darstellung des weisheitlichen Lebenskonzepts.

Religion als Verbindungs- und Trennungsarchitektur

Trotz aller frommen Weisheit – Religion bleibt ambivalent und gefährlich. Das gute Leben des einen Frommen kann für viele andere zum Horror und schlechten Leben werden. Hegel hat in seinen Berliner *Vorlesungen über die Philosophie der Religion* von der besonderen mythopoietischen Produktionskraft des religiösen Bewusstseins ge-

sprochen. Religion ist nicht nur Ritus und dadurch erzeugte Vergemeinschaftung, sondern auch rational kaum kontrollierbare Neigung
zum Fantastischen, die außergewöhnliche Fähigkeit, sich in heiligen
Geschichten, Legenden und Mythen eine ganz andere Wirklichkeit als
die hier und jetzt gegebene vorzustellen. Religiöse Symbolsprachen
sind außerordentlich interpretationsoffen, und zentrale Vorstellungen
religiösen Bewusstseins wie Gott, das Absolute, der weltenschaffende
Geist, die Schöpfung und so fort lassen sich höchst unterschiedlich
auslegen und vergegenwärtigen. Darin liegt die eigene Faszinationskraft, aber auch die notorische
Ambivalenz religiösen Bewusstseins. Religiöse Symbolsprachen sind
eine Art mentaler Software, die sowohl Wunderbares als auch Furcht-
bares, Grausames bewirken kann. In religiösen Mythen wird von hilf-
reichen Engeln und vorbildlichen Heiligen erzählt. Sie handeln aber
auch von Teufelswesen, Dämonen und zerstörerischen Tieren aus dem
Abgrund. Mit Blick auf Gott oder in Ehrfurcht vor dem Schöpfer kann
religiöses Bewusstsein der Selbstbegrenzung des Menschen dienen und
die Aufmerksamkeit für die Verletzlichkeit des Individuums stärken.
Indem sie solche Demut fördert, kann sie Empathie mit den Schwä-
cheren, Leidenden, Marginalisierten fördern und den Mut erzeugen,
sich mit traurig stimmenden Verhältnissen nicht zufriedenzugeben.
Der Transzendenzbezug religiösen Bewusstseins, wie er in der Orientierung an Gott oder in der Unterscheidung von Diesseits und Jenseits sich ausdrückt, lässt sich immer auch als sei es eschatologischer,
sei es utopischer Überschuss über den Status quo konkretisieren.
Religion kann atomistisch vereinzelte Solipsisten und harte Egozent-
riker zu Mitmenschen verwandeln, die durch fromme Vergemeinschaftung einander als Brüder und Schwestern verstehen und begegnen wollen. In ihren Symbolen kann sie jenseits der üblichen sozialen
Grenzlinien von Stand, Klasse, Geschlecht und Nation Nächstenliebe
stärken und Solidarität stiften. Sie kann resignativ Verstummten wieder eine Stimme geben, Verängstigten Mut machen und Trauernden
Trost bieten.

Religion kann aber auch ganz anders, genau gegenläufig wirken. Sie kann im Hass auf Andersdenkende und Andersgläubige Gestalt gewinnen, Menschenverachtung und Intoleranz stimulieren, ganz starre, dogmatistisch harte Weltbilder erzeugen und in die fromme Arroganz münden, im Unterschied zum sündhaften, bösen Rest der Menschheit nicht zu Gericht und definitiver Verderbnis, sondern fürs himmlische Jerusalem und zu ganz enger Gottesnähe bestimmt zu sein. Die Tendenz zum Unbedingten, die emotional stark bindende Orientierung an Gott, die für religiöses Bewusstsein mindestens in monotheistischen Religionssystemen konstitutiv ist, ist hoch ambivalent und bleibend gefährlich. So sehr Religion den Menschen humanisieren kann, so sehr kann sie ihn auch barbarisieren, und das eine kann sehr schnell in das andere umschlagen; auch sind die Übergänge fließend. Der Fromme muss nur den Anspruch erheben, den Willen Gottes genauer und besser als die anderen, Gottfernen zu kennen, und sich selbst ein starkes oder gar exklusives Mandat zur Durchsetzung dieses Gotteswillens zuschreiben – dann wird er schnell gewaltbereit und terroristisch.

Gewaltbereiter oder gewalttätiger Gottesglaube ist kein Spezifikum einer bestimmten Religion, etwa »des Islam« im Unterschied zum Christentum. Auch findet sich gewalttätige Religiosität keineswegs nur in monotheistisch geprägten Religionskulturen, sondern auch in polytheistischen Glaubenswelten. Die vor allem von Jan Assmann vertretene These eines besonders engen Zusammenhangs zwischen forderndem Eingottglauben und Religionsgewalt ist empirisch gesehen falsch; dies zeigen schon die harten Kämpfe zwischen nationalistischen Hindus und Buddhisten in Teilen Indiens. Alle Akteure in solchen Religionskonflikten erheben den Anspruch, nur ihren Idealen gottwohlgefälligen Lebens zu folgen. Doch das gute Leben der einen schließt es hier keineswegs ein, auch den anderen ein Recht auf ihr gutes Leben zuzugestehen. Und es bleibt eine fundamentale Spannung zwischen den partikularen Ethoskonzepten religiöser Akteure und dem für alle geltenden staatlichen Recht.

Auch die Sprachen der in Europa wirkmächtigsten monotheistischen Religion, die Sprachen des Christentums, sind bleibend ambivalent und gefährlich. Sie können Wege zu einem guten Leben erschließen, aber auch destruktiv wirken. Von den christlichen Symbolen gilt, was sich in allen religiösen Sprachen beobachten lässt: Ihre zentralen Vorstellungen, Symbole und Begriffe sind überaus interpretationsoffen, geprägt von hoher Vieldeutigkeit und Ambiguität. In ihnen ist fortwährend von metaempirischen – viele Kritiker der Religion sagen: nur fiktiven, eingebildeten, projizierten – Akteuren die Rede, von Gott, den Engeln, der Macht des Bösen, dem Teufel, dem Propheten oder auch dem Heiligen Geist. All diesen Akteuren, allen voran natürlich dem einen Gott, der Himmel und Erde geschaffen hat, wird in religiösen Sprachspielen eine überaus starke Handlungskraft zuerkannt. Zugleich gewinnen diese Akteure in den Herzen der Menschen eine starke seelische Prägekraft und Bindungsmacht. Das ist das Faszinierende an der Religion, aber zugleich auch ihre permanente Gefährlichkeit. Weil religiöser Glaube fortwährend von Transzendenz handelt, weist er immer über das hier und jetzt Gegebene hinaus, in ein Jenseits der politisch-sozialen Welt. Deshalb lässt sich Religion nur sehr schwer domestizieren. Versuche, sie von außen, etwa durch politische Institutionen, zu kontrollieren und zu steuern, waren und sind zumeist nur kontraproduktiv, erregen sie doch nur den Zorn der besonders Frommen und stärken so die Religion. Religion ist nun einmal eine eigenständige»Geschichtspotenz« (Jacob Burckhardt). So kann Religion nur durch Religion domestiziert werden. Analog gilt: Soll religiöser Glaube mit einer freiheitlichen politischen Ordnung kompatibel sein, muss er sich selbst zivilisieren. Dies ist primär aber keine politische Aufgabe, sondern eine religiöse. Die im Interesse einer freiheitlichen politischen Ordnung erwünschte Selbstzivilisierung von Religion kann, wenn überhaupt, nur aus der Eigenlogik der religiösen Überzeugungen und Symbole begründet und durchgesetzt werden.

Religiöse Allmachtsfantasien

In den modernen Christentümern ist, nicht anders als im Judentum und in den islamischen Überlieferungen, viel von einem Gott die Rede, dem im Alten wie Neuen Testament das Prädikat der »Allmacht« zugeschrieben wird. Sonntag für Sonntag sprechen Christen aller Konfessionen in ihren Gottesdiensten das Apostolische Glaubensbekenntnis: »Ich glaube an Gott den Vater, den allmächtigen Schöpfer des Himmels und der Erden.« Diese Vorstellung vom allmächtigen Schöpfergott stammt aus der Hebräischen Bibel beziehungsweise dem Alten Testament, findet sich aber auch in zahlreichen Texten des Neuen Testaments. Auch in anderen antiken und spätantiken Religionskulturen gilt der allmächtige Schöpfer des Himmels und der Erde als das Herrschaftssubjekt par excellence. Genau darin liegt jedoch eine große Gefahr. Denn Allmacht ist ein hoch ambivalentes, überaus problematisches und bedrohliches Wort. Schon Macht ist ein Begriff, mit dem man aus guten freiheitsdienlichen Gründen ebenso prägnant wie behutsam umgehen muss. Macht bedarf der permanenten Kontrolle, damit sie nicht von wem auch immer missbräuchlich ausgeübt wird. Mit Max Weber lässt sich Macht als die Chance definieren, seinen Willen durchzusetzen, auch gegen mögliche Widerstände anderer. Macht ist die Fähigkeit, anderen meinen Willen aufzuzwingen. So hat Macht sehr viel mit unüberwindlicher Durchsetzungskraft, hartem Zwang und Machtgefälle zu tun. Deshalb sollte man niemals von Macht reden, ohne ihre Ambivalenz und Gefährlichkeit zu betonen. Noch sehr viel stärker gilt dies für die zur Allmacht gesteigerte Macht. Allmacht ist noch sehr viel gefährlicher als nur Macht, gleichsam allgefährlich. Denn dieses religiöse Potenzwort ganz eigener Art eröffnet einen Vorstellungsraum vielfältiger Entgrenzung.

Allmacht meint absolute Macht, ins Unendliche gesteigerte Macht, Macht, über die hinaus nichts Mächtigeres gedacht werden kann, also eine Macht, die nicht durch anderes, sondern, wenn überhaupt, nur durch sich selbst begrenzt werden kann. Vor dem »allmächtigen Gott«, den Juden, Christen und Muslime auf je eigene Art anbeten, muss man sich deshalb fürchten. Genau dies tun Juden, Christen und Muslime. Oft kann man bei ihren gelehrten Theologen lesen, der allmächtige Gott gebiete Gottesfurcht und Zittern.

Immer wieder haben religiöse wie politische Autoritäten mit Bezug auf die Allmacht Gottes ihre eigenen Machtansprüche begründen wollen, im Interesse der Stärkung ihrer Herrschaft: Indem sie ihre Macht von der Allmacht Gottes her legitimieren, suchen sie sie der Kontrolle der Beherrschten oder der Gläubigen zu entziehen. Gerade in politischer Hinsicht ist Gottes Allmacht schon deshalb eine so gefährliche Vorstellung, weil sie innerweltliche Macht als einen Repräsentationsort oder Ausdruck göttlicher Macht erscheinen und damit als unbedingt gültig, undiskutierbar verbindlich wirken lässt. Wenn weltliche Machthaber sich auf Gottes Allmacht berufen, wollen sie nur sich und ihre Macht absolut setzen.

Deshalb ist es ein erster, grundlegender Akt der Zivilisierung christlicher Religion, die Rede von Gottes Allmacht kritisch zu relativieren. Innerhalb des ebenso reichen wie in sich widersprüchlichen christlichen Symbolsystems werden zahlreiche Vorstellungen Gottes tradiert, die zu seiner Allmacht in elementarer Spannung stehen. Besonders deutlich zeigen dies die christologischen Überlieferungen. Schon die Vorstellung von der Menschwerdung Gottes bedeutet eine fundamentale Revolution der religiösen Denkungsart. Denn Inkarnation meint: Gott negiert sich selbst, er wird zum anderen seiner selbst, er wird im Juden Jesus von Nazareth Mensch. Über die innere Logik dieser Inkarnation des einst höchsten, machtvollsten Wesens ist in 2000 Jahren Christentumsgeschichte fortwährend gestritten worden. Nicht selten haben kirchliche wie politische Autoritäten versucht, das glaubensrevolutionäre Element des Inkarnationsglaubens abzuschwächen, um der Stärkung ihrer Macht willen. Inkarnation heißt: Gott will gar nicht allmächtig, er will menschlich sein. Das ist ein Satz, der den Machtfantasien der Herrschenden jede theologische Legitimität bestreitet. Analoges gilt mit Blick auf die christliche Trinitätslehre, die Lehre von der Dreieinigkeit des einen Gottes, der sich als Vater, Sohn und Heiliger Geist selbst unterscheidet und auf sich bezieht. Hier wird in faszinierenden theo-logischen Denkspielen eine Selbstunterscheidung Gottes gedacht, die seine Menschenfreundlichkeit begründen soll.

Liberal religiös

»Dient Religion dem guten Leben?« Die Antwort auf diese Frage hängt von der Fähigkeit religiösen Bewusstseins ab, Leistungen der Selbstunterscheidung und Selbstbegrenzung zu erbringen. In einer demokratisch verfassten offenen Gesellschaft darf jeder religiöse Mensch seine ganz individuellen Entwürfe guten Lebens vertreten und leben – im Rahmen der für alle geltenden säkularen Rechtsordnung. Der liberale Staat ist religiös neutral und schreibt seinen Bürgern keinerlei Konzept guten Lebens vor. Aber er muss von religiösen Bürgern erwarten, dass sie in ihren je eigenen Konzepten guten Lebens auch die Geltung der staatlichen Rechtsordnung anerkennen. Das ist rechtstheoretisch leichter gesagt als religiös vollzogen. Denn die Forderung der Anerkennung der säkularen Rechtsordnung läuft darauf hinaus, im Medium der religiösen Symbolsprache selbst die Differenz zwischen weltlicher Ordnung und religiösem Ethos zu entwickeln. In religiöser Sprache ist selbst eine Vorstellung der legitimen Säkularität des Staates zu entfalten. Aber wie kann das gehen: durch und in Religion einzusehen, dass der Staat nicht religiös bestimmt sein darf? Das hier bestehende Problem lässt sich an einer Formel des protestantischen Theologen Rudolf Bultmann deutlich machen: Gott sei »die alles bestimmende Wirklichkeit«. Wie kann es dann sein, dass Gott den Staat nicht bestimmt oder nicht bestimmen soll?

Vom religiösen Bürger wird um des Bürgerfriedens, das heißt um des friedlichen Zusammenlebens der vielen je eigenen Vorstellungen guten Lebens Folgenden willen eine elementare Selbstunterscheidung verlangt: Der Fromme muss zwischen dem, was für alle gilt und gelten soll, und dem, was er nur für sich und seine Glaubensgenossen gelten lassen will, unterscheiden können. Man kann dies gleichsam als eine interne Selbstbegrenzung religiöser Geltungsansprüche beschreiben. Wie es zu einem solchen demokratiekompatiblen religiösen Lernprozess kommt, weiß ich nicht. Entscheidend dürfte dabei weniger sein, was jemand glaubt, sondern wie er glaubt – etwa ob er oder sie Elemente reflexiver Selbstbegrenzung in seine oder ihre subjektiven Überzeugungen und partikularen Konzepte guten Lebens zu integrieren vermag.

Man kann die Einsicht in gebotene Unterscheidungsleistungen den entschieden Religiösen nicht von außen andemonstrieren. Man kann für die Vorzüge des liberalen politischen Modells werben, aber man verfügt mit Blick auf harte, sich aller Selbstbegrenzung entziehende Religion nicht über die argumentative Kraft, die Frommen mit Gründen der Vernunft zu überzeugen. Insofern bleibt das liberale Modell des Zusammenlebens der vielen Verschiedenen trotz aller rationalen Begründung bleibend prekär und gefährdet. Das bedeutet, jedenfalls für mich: Es gibt auch gute Gründe dafür, Traditionen liberaler Religion zu pflegen. Das ist eine Religion, die im gelingenden Fall zum guten Zusammenleben beiträgt. Denn sie hält das Wissen um die Fehlbarkeit des Menschen als eines endlichen Vernunftwesens präsent, eines Wesens, das in all seiner Vernünftigkeit fortwährend auch zur Selbstverabsolutierung neigt. Ob Religion dem guten Leben dient, lässt sich immer nur im Einzelfall, mit Blick auf eine bestimmte Gestalt religiösen Bewusstseins entscheiden – auch wenn jeder Fromme subjektiv davon überzeugt ist, auf dem Weg zum guten Leben zu sein. Aber Religion kann dem guten Zusammenleben dienen – wenn sie sich im religiösen Symbolsystem selbst zu begrenzen und die fundamentale Unterscheidung von partikularem Ethos und allgemeiner Rechtsordnung aus eigenen Gründen der Religion zu vollziehen vermag.

Herfried Münkler
Wann marschieren wir ein?

Militärische Interventionen
als Exportmärchen guten Lebens

Offenbar haben wir über Jahre hinweg die falsche Debatte geführt –
oder die falschen Fragen gestellt. Anstatt zu fragen, wann wir einschreiten *dürfen*, hätten wir wohl fragen sollen, wann wir einschreiten
müssen, weil es die moralische Verpflichtung gibt, einen sich anbah-
nenden Bürgerkrieg zu verhindern und weiteres Morden zu unterbin-
den. Diese Fragen sind zwar immer wieder gestellt worden, aber gegen
den lauten Chor derer, die nicht über eine moralische Verpflichtung
zur Intervention, sondern nur über deren rechtliche Begrenzung sprechen wollten, haben sie nur selten Gehör gefunden. Das mag mit Blick
auf die deutsche Geschichte im 20. Jahrhundert verständlich sein.
Angesichts der Herausforderungen des 21. Jahrhunderts lief die Frage
nach dem Dürfen jedoch auf eine Verkennung der Lage hinaus, die
im Ergebnis zu weitreichenden Fehlentscheidungen geführt hat: Nicht
dass deutsche Soldaten noch hier und da zusätzlich hätten dabei sein
sollen; aber dort, wo die Bundeswehr an Interventionen beteiligt war
und ist, ist sie durch die Debatte über das Dürfen in die falsche Richtung geschickt worden.

Die Annahme, die der unter dem Eindruck der Gräuel in den jugoslawischen Zerfallskriegen und dem Völkermord in Ruanda aufge-
kommenen Debatte zugrunde lag, war die Vorstellung von einem
politischen Akteur, der vor militärischer Kraft strotzte und nur darauf
wartete, seine Fähigkeiten in aller Welt unter Beweis zu stellen. Diesen
Akteur hatte man politisch wie rechtlich gefesselt, und nun ging es
darum, diese Fesseln ein wenig zu lockern, damit er zum Guten ein-

greifen konnte. Aber dabei musste man sorgfältig darauf achten, dass die Fesseln nicht zu weit gelöst wurden, sodass sich der militärische Kraftprotz ihrer ganz entledigte und wieder Unheil anrichtete, wie das in der Vergangenheit so oft der Fall gewesen war.

Noch gänzlich im Bann zweier Weltkriege stehend hatte man nicht bemerkt, dass es den militärischen Kraftprotz, den man unter Kontrolle halten wollte, gar nicht mehr gab. In Deutschland, aber nicht bloß hier, sondern fast überall in Europa, war eine postheroische Gesellschaft entstanden, die in mürrischer Indifferenz militärische Fähigkeiten aufrechterhielt, diese aber mit der Kautel versah, sie seien nicht zum Einsatz da, sondern sollten vielmehr das Erfordernis ihres Einsatzes verhindern. Dieser Vorstellung lag die politische Grammatik des Kalten Krieges zugrunde, und die hatte für einen langen und bei allen Krisen doch stabilen Frieden in Europa gesorgt. Ein Einsatz der Streitkräfte und die mit ihm verbundenen politischen wie militärischen Risiken waren nicht vorgesehen. So ließ man sich durch die zahlenmäßig großen Armeen und die Rüstungspotenziale, die im Verlauf des Kalten Krieges aufgebaut worden waren, täuschen und nahm an, die abstrakten Fähigkeiten des Militärs ließen sich in konkretes Handeln überführen – und deswegen komme es vor allem darauf an, dass sich dieses konkrete Wollen nicht verselbständige. Also diskutierte man über das Dürfen statt über das Können und unterstellte, dass man dem Erfordernis des Sollens durch ein geringfügiges Lockern der politischen und rechtlichen Fesseln nachkommen könne.

Können statt dürfen – Kompetenz statt Moral

Tatsächlich hatte man jedoch eine Schimäre gefesselt, und die Fähigkeiten, von denen man glaubte, man müsse sie unter Kontrolle halten, mussten erst schrittweise wieder entwickelt werden. Es hat lange gedauert, bis man das begriffen hat. Erst als sich in Afghanistan das Aufgabenspektrum der Bundeswehr von einer Art bewaffnetem THW zu Kampfeinsätzen verschob, wurde einer größeren Öffentlichkeit in Deutschland klar, dass es mit der großmütigen Bereitschaft zur Hilfe nicht getan war, sondern es dazu politischer Entschlossenheit und militärischer Fähigkeiten bedurfte. Die aber konnte man nicht als gegeben unterstellen, sondern für die musste man politisch werben und in die musste man obendrein investieren. Jetzt erst begann sich die Entfesselungs- in eine Befähigungsdebatte zu verwandeln.

Dem Fehlurteil über das eigene Können, aus dem die Debatte über das Dürfen erwuchs, korrespondierte eine Fehleinschätzung bezüglich des Interventionsgebiets. In ihr wurde unterstellt, dort wartete man nur auf die ausländischen Soldaten und die in deren Gefolge hereinströmenden Helfer und werde sie freudig begrüßen. Das *Einschreiten* wurde im Wesentlichen als ein *Wiederaufbauen* verstanden, und relevante Akteure des Gegenhandelns hatte man nicht auf der Rechnung – beziehungsweise, wenn die Planer des Einsatzes sie doch auf der Rechnung hatten, so trauten sie sich nicht, dies in der Öffentlichkeit zu kommunizieren, weil sie fürchteten, dann den politischen Rückhalt für die Intervention zu verlieren. Die Folgen dessen waren verheerend, denn die Öffentlichkeit war so weder auf die Dauer des Einsatzes noch auf die Konfrontation mit einem nachhaltigen Widerstand eingestellt. Man hatte das Problem des Einschreitens im Wesentlichen mit Blick auf den eigenen Willen und die großmütige Bereitschaft dazu diskutiert und so gut wie nicht in Rechnung gestellt, dass es eine relevante Zahl von Akteuren im Interventionsgebiet gab, die entweder kein Interesse am Erfolg der Intervention hatten oder an einer Fortdauer der Gewalt interessiert waren, weil sie von ihr politisch und wirtschaftlich profitierten. Indem man sich nahezu ausschließlich auf die moralphilosophischen und völkerrechtlichen Fragen des Dürfens einer Intervention konzentriert hatte, hatte man deren Gelingensbedingungen aus dem Auge verloren.

Die Folge dessen war eine starke Neigung, der Reichweite des Einschreitens und den damit verbundenen »Kosten«, von der zeitlichen Dauer des Einsatzes und den dafür aufzuwendenden finanziellen Mitteln bis zu eigenen Verlusten in Form von Verwundeten und Gefallenen, keinen angemessenen Platz in den Überlegungen zuzuweisen. So kam es zur normativen Überdehnung der Intervention, die vor allem in Afghanistan folgenreich wurde. Immer neue und immer weiter reichende Vorgaben wurden in die Zielstellung der Intervention eingespeist, frei nach dem Motto: Wenn wir uns schon auf eine Intervention einlassen, zusätzliche Milliarden fürs Militär aufwenden und diesem Chancen eines Reputationsgewinns einräumen, der das zivile Selbstverständnis unserer Gesellschaft infrage stellt, dann erwarten wir auch, dass die afghanische Gesellschaft von Grund auf geändert wird und in ihr Normen und Werte zur Geltung gebracht werden, die sich an denen unserer eigenen Gesellschaften orientieren: Gleichberechtigung für Frauen, Schulunterricht für Mädchen usw. Zu spät bemerkte man, dass man damit seine Kräfte und den eigenen Durchhaltewillen überforderte.

Können statt Sollen – Fähigkeit statt Möglichkeit

Das Scheitern einiger Interventionen der letzten Jahre muss bei der zukünftigen Beantwortung der Frage, wann wir einschreiten und wo wir uns heraushalten sollen, eine zentrale Rolle spielen. Nicht unbedingt das Dürfen, in jedem Fall aber das Sollen des Einschreitens hängt von der Aussicht auf den Erfolg der Intervention ab: Wo man von vornherein sagen kann, dass die Größe der Aufgabe die mobilisierbaren Kräfte überfordern wird, sollte man auf jeden Versuch des Einschreitens verzichten. Man würde dadurch die Dinge nur noch schlimmer machen. Das gilt analog für jene Fälle, in denen eine lange Präsenz im Interventionsgebiet vonnöten ist und man gleichzeitig davon ausgehen kann, dass die intervenierenden Staaten nur zu einem kurzzeitigen Eingreifen bereit und in der Lage sind. Es mag von der Problemlage her zwar gute Gründe für ein Eingreifen geben, doch wenn den potenziellen Interventionsmächten dafür der Wille und die Fähigkeit fehlen, sollte auf einen Versuch mit unzureichenden Kräften verzichtet werden. *Ultra posse nemo obligatur* – die Formel aus Justinians *Digesten*, wonach niemand über seine Fähigkeiten hinaus zu etwas verpflichtet ist, gilt auch hier. Das darf jedoch nicht dazu führen, dass potenzielle Interventionsmächte gezielt und systematisch auf die Entwicklung von Fähigkeiten zur Intervention verzichten, nur um zu einem derart teuren und riskanten Vorhaben nicht verpflichtet zu sein – zumal wenn dessen Ertrag wesentlich anderen zugutekommt.

Die Debatte über die Frage, wann wir angesichts von Gewalt gegen die Zivilbevölkerung, systematischen Menschenrechtsverletzungen und schließlich sich mehrenden Anzeichen eines Völkermords eingreifen sollen, ist keine, die bloß über *Dürfen* und *Sollen* geführt werden kann, sondern in der auch dem *Können* eine entscheidende Bedeutung zukommt – nicht nur als Begründung für Nicht-Handeln, sondern auch als Imperativ an die Staatengemeinschaft, Handlungsfähigkeit für den Fall herzustellen, in dem ein Eingreifen moralisch und rechtlich geboten ist. Dabei geht es keineswegs nur ums Militär, denn nicht jede humanitäre Intervention ist notwendig eine militärische. Vor allem aber kann eine Intervention, wenn sie erfolgreich sein soll, nicht ausschließlich auf militärische Mittel gestützt sein, sondern das militärische Agieren muss, auch wenn es zeitweilig im Mittelpunkt des Einschreitens steht, von politischen, sozialen, wirtschaftlichen und kulturellen Hilfsprogrammen flankiert werden.

Im Prinzip sind dies Binsenweisheiten, die jedoch durch die Dominanz der Frage nach dem Dürfen in der öffentlichen Debatte in den Hintergrund gedrängt worden sind. Die Frage nach dem Dürfen hat den Blick aufs Militär fokussiert, denn dass medizinische Hilfe und Nahrungsmittellieferungen an Hungernde moralisch oder völkerrechtlich verboten sein könnten, hat niemand im Ernst behauptet. Schon eher ist beides als Alternative zum militärischen Eingreifen ins Spiel gebracht worden: Schließlich kann mit denselben finanziellen Aufwendungen sehr viel mehr an unmittelbar humanitärer Hilfe durch Nichtregierungsorganisationen in Gang gesetzt werden, als wenn man zu dem relativ teuren Instrument des Militärs greift. Doch das Militär generell durch humanitäre Hilfsorganisationen ersetzen zu wollen, wäre töricht, weil es beim Einschreiten ja nicht um die Hilfe bei Naturkatastrophen geht, sondern um das Trennen von Parteien, die im Begriff sind, mit Waffengewalt aufeinander loszugehen, oder aber Milizen in den Arm zu fallen, wenn sie versuchen, durch die Verbreitung von Angst und Schrecken eine zum politischen Widerspruch bereite Bevölkerung wieder zum Schweigen zu bringen.

Zu früh oder zu spät?

Die Antwort auf die Frage, wann einzugreifen ist, erfolgt also auf zwei Ebenen, und wenn es auf der ersten um Begründungen und Absichten, Ziele und Zwecke der Intervention geht, also um die großen normativen Fragen, dreht sich auf der zweiten Ebene alles um den angemessenen Zeitpunkt, also das *Zufrüh* und das *Zuspät* des Einschreitens. Beginnen wir mit der letztgenannten Ebene, die in vielerlei Hinsicht die nachgeordnete ist, auf der sich aber häufig entscheidet, ob eine Intervention Erfolg hat oder scheitert.

Geht man davon aus, dass sich der Erfolg einer Intervention an der Fähigkeit zur Beendigung eines Bürgerkriegs entscheidet, so sind deren Erfolgsaussichten umso größer, je weniger sich die Bürgerkriegsgewalt in das Innere einer Gesellschaft hineingefressen und das Vertrauen der Menschen zueinander zerstört hat. Je mehr dies der Fall ist und sich nicht nur Misstrauen, sondern auch Rachebedürfnisse ausgebreitet haben, desto größer werden der Aufwand und die Dauer, die zur inneren Pazifizierung einer Gesellschaft vonnöten sind. Von daher kann es im technischen Sinn eigentlich kein Zufrüh geben. Ganz anders ist dies in politischer Hinsicht, wo die Bereitschaft, über ein Einschreiten nachzudenken, erst mit dem Bekanntwerden der ersten Massaker entsteht. Der Zusammenbruch der politischen Ordnung muss sichtbar sein, die Bilder des Grauens müssen sich häufen, die

Berichte über Verbrechen von unabhängigen Beobachtern bestätigt werden, damit wenigstens Teile der internationalen Gemeinschaft zum Einschreiten bereit sind. Dann freilich ist es für ein bloßes *Dazwischengehen* in der Regel zu spät. Die innergesellschaftlichen Gräben, die durch Gewalt und Grausamkeit aufgerissen worden sind, sind zu tief, als dass sie sich durch eine Kombination aus Amnestie und Amnesie wieder schließen ließen. Der Intervenierende muss jetzt Partei ergreifen und einer Seite zum Sieg verhelfen – auch um auf diese Weise die moralische und politische Akzeptanz bei den Siegern zu haben, Massaker an den Unterlegenen zu verhindern. Will der intervenierende Dritte in einer Situation, in der auf beiden Seiten die Rachegefühle hochgekocht sind, weiterhin die Rolle des unabhängigen und ausgleichenden Mittlers einnehmen, so wird er entweder zwischen den Parteien zerrieben, wie dies dem früheren UN-Generalsekretär Kofi Annan jüngst in Syrien ergangen ist, oder er muss so massive Kräfte aufbieten, dass diese stärker sind als jede mögliche Gegenkoalition im Interventionsgebiet. Bei den Interventionen der NATO in Teilgebieten Jugoslawiens war das der Fall. Derlei ist freilich so teuer, dass sich Intervenienten nur in Ausnahmefällen dazu entschließen. Die jugoslawischen Zerfallskriege waren insofern ein Sonderfall, weil die Fluchtbewegungen, und zwar die bereits erfolgten wie die noch drohenden, die Sozialsysteme der Aufnahmeländer zu überlasten drohten, sodass sich die Interventionskosten in diesem Fall anders darstellten, als das sonst der Fall ist. Interventionen dieses Typs sind Ausnahmen, die zur Voraussetzung haben, dass die Interventionsmächte ein großes Interesse an der nachhaltigen Pazifizierung des Gewaltraums haben.

In der Regel freilich gilt: Hat man den Zeitpunkt verpasst, an dem die Intervention im wortwörtlichen Sinn ein Dazwischengehen ist, so bleibt den potenziellen Intervenienten nur die Möglichkeit, sich für eine der Konfliktparteien zu entscheiden und dieser durch das Eingreifen zum Sieg zu verhelfen. Die Intervention wird dann zur Parteinahme. Das ist dann zumeist auch der Punkt, an dem die Vereinten

Nationen (VN) ihre Handlungsunfähigkeit eingestehen müssen, weil die Mitglieder des Sicherheitsrats, namentlich die ständigen Mitglieder mit Vetorecht, sich nicht darauf einigen können, für welche Seite sie Partei ergreifen wollen. Jede Parteinahme wird durch ein angedrohtes Veto blockiert, und so sind die VN in den letzten Jahren ein ums andere Mal zum hilflosen Zuschauer von Entwicklungen geworden, bei denen ihr Eingreifen dringend vonnöten gewesen wäre. So ist die allgemeine Erwartung, die Vereinten Nationen seien Legitimationsinstanz und Organisator von Interventionen, immer wieder enttäuscht worden. Seitdem am East River die Frage, wann einzuschreiten sei, ein ums andere Mal mit einem resignativen Sichheraushalten beantwortet wird, haben die Vereinten Nationen erheblich an Legitimitätsglauben eingebüßt. Regionale Sicherheitsorganisationen und Verteidigungsbündnisse haben mehr und mehr die Funktion übernommen, die in der Weltordnung nach dem Ende des Kalten Krieges eigentlich den Vereinten Nationen hätte zufallen sollen. Diese Entwicklung zu einer sektoralen Weltordnung dürfte bei anhaltender Selbstblockade der VN weiter voranschreiten.

Wer unterstützt wen?

Wenn die Intervention vom Dazwischengehen zur Parteinahme geworden ist: Wer ergreift dann eigentlich für wen Partei? Mit welchen Gründen tut er das? Und lassen sich bei diesen Parteinahmen Muster erkennen, die das Verhalten der großen Mächte erwartbar und vorhersagbar machen? Die weltweiten Konflikte, die das Einschreiten eines Dritten erforderlich machen, haben sehr unterschiedliche Ursachen. Da sind ethnische und nationale, religiöse und konfessionelle Auseinandersetzungen, daneben gibt es die klassischen sozialen Konflikte, die sich häufig mit ethnischen oder konfessionellen Auseinandersetzungen verbinden, es gibt politische Konflikte, in denen es um Partizipation und Selbstbestimmung geht, es gibt innergesellschaftliche

Kriege, die um knappe Ressourcen, wie Wasser, oder um die Verteilung von Einnahmen aus dem Verkauf von Bodenschätzen geführt werden usw. Das ist ein unüberschaubares Gewirr, in dem sich keine klaren Strukturen finden lassen. In jedem dieser Konflikte aber gibt es eine *Partei der Ordnung*, die für die Beibehaltung des Status quo kämpft, und eine *Partei des Aufstands*, die das Bestehende verändern will. Mit Blick auf diese beiden Positionen formieren sich auch die Parteien in den Vereinten Nationen, und dabei folgen sie weithin gleichbleibenden Mustern.

In der Zeit des Kalten Krieges waren die Sowjetunion und China in der Regel die Unterstützungs- und Anlehnungsmächte der Umsturzparteien, und sie blieben an deren Seite, wenn diese gesiegt und die Macht im Staate übernommen hatten. Dagegen fanden sich die USA und ihre Verbündeten fast immer auf der Seite der alten Ordnung und der Mächte des Bestehenden. Nur in der Periode der Dekolonisation hatten sich die USA mit den Kräften der Veränderung verbündet, aber dieses Bündnis hielt nicht lange, und spätestens seit dem Vietnamkrieg fanden sich die USA ein ums andere Mal aufseiten der Verteidiger des Status quo wieder. Dieses Muster der Parteinahme hat sich mit dem Zusammenbruch des Ostblocks und der schwindenden Attraktivität einer sozialistischen Gesellschaftsordnung radikal verändert. Mit einem Mal sind im »Westen« nicht nur demonstrierende Studenten und linke Oppositionsbewegungen aufseiten der Parteien von Aufruhr und Umsturz, sondern auch die Regierungen, und die Außenminister distanzieren sich von Regimen, mit denen sie kurz zuvor noch vertrauensvoll zusammengearbeitet hatten. Dagegen sind Russland und China zu unbeirrbaren Parteigängern der bestehenden Ordnung geworden und verhindern mit ihrem Veto im Sicherheitsrat jede Verurteilung dieser Regime. An ihre Zustimmung zu Interventionen gegen diese Regime ist also nicht zu denken.

Die Antwort auf die Frage, warum wir einschreiten, hat also auch damit zu tun, ob das intervenierende »Wir« sich im Einklang mit einer als fortschreitend gedachten Geschichte befindet und von daher geneigt ist, für die Seite der Veränderung Partei zu ergreifen, selbst wenn, wie im Falle des »arabischen Frühlings«, sich in den Reihen der Insurgenten Kräfte finden, deren politische Ziele mit den eigenen Werten und Normen inkompatibel sind. Es dominiert das Vertrauen, dass Menschenrechte und Demokratie sich auf Dauer durchsetzen werden, sodass man bei politischer Parteinahme und militärischer Intervention nicht so sehr auf die konkreten, aber kurzfristigen Ziele der aufständischen Parteien achten muss, sondern es nur um die Frage geht, ob sie auf die politische Partizipation des Volkes und die Offenheit der politischen Ordnung setzten.

Wir begegnen hier einem bemerkenswerten »Lernprozess« des Westens, der sich lange zur Parteinahme für »prowestliche« Regime genötigt gesehen hatte, auch wenn es sich dabei um die Alleinherrschaft einer Familie oder um Militärdiktaturen handelte. Der Widerspruch, in den der »Westen« dadurch zu seinen Werten und Normen gekommen ist, hat sich immer wieder blockierend auf seine Politik ausgewirkt. Vom Schahregime im Iran über das Chile Allendes bis zur Unterstützung des Staatsstreichs in Algerien nach dem Wahlsieg der Islamisten hatte der »Westen« ein ums andere Mal seine Werte und Normen verraten, um selbst ernannte Freunde und Parteigänger an der Macht zu halten beziehungsweise wieder an diese zurückzubringen. Geopolitisch in die Defensive gedrängt (oder auch bloß in der Auffassung, man befinde sich in der Defensive), hatte man militärische und wirtschaftliche Parteigänger höher geschätzt als die politischen Werte, die doch offiziell das einigende Band des »Westens« sein sollten. Das heißt nicht, dass jetzt geostrategische und ökonomische Überlegungen keine Rolle mehr spielen. Auch im Falle der Unterstützung der Insurgenten in Syrien sind sie erkennbar. Aber sie stehen nicht mehr im Vordergrund.

Will man diesen Lernprozess unter eine Überschrift stellen, so könnte sie lauten, dass die vordem ausschließliche Besorgnis für das eigene »gute Leben« nun durch eine gewisse Aufmerksamkeit für das »gute Leben« der anderen komplementiert wird. Die »anderen« sind vor allem die, die nicht der eigenen politisch-kulturellen Ordnung zugehören.

Man kann diesen Wandel als politischen Lernprozess beschreiben, kann ihn aber auch auf den Wegfall eines tendenziell symmetrischen Gegenspielers zurückführen. Dessen Existenz hatte zur notorischen Unterstützung von Regimen geführt, die sich als »prowestlich« positionierten, indem sie den USA auf ihrem Territorium Militärstützpunkte einräumten. Auch in der Weltordnung vor 1989/90 wurde immer wieder interveniert, wobei die Direktive dieser Interventionen – in Ost wie West gleichermaßen – lautete, dass alle Regime zu unterstützen seien, die dem eigenen Bündnissystem zuzurechnen waren oder sich zumindest doch gegenüber den Versprechungen der anderen Seite als resistent erwiesen hatten. Diese an Geopolitik und Bündnistreue orientierte Interventionspraxis ist verschwunden. Aber folgt die »westliche« Interventionspraxis deswegen schon den Direktiven der eigenen Werte und Normen?

Gut eingreifen

Die wohl bekannteste Einrede dagegen ist die im Zusammenhang mit der Intervention einer UN-mandatierten Koalition unter amerikanischer Führung zur Befreiung des von irakischen Truppen besetzten Kuwait aufgekommene Parole »Kein Blut für Öl«. Damit wurden ökonomische Interessen angesprochen, und implizit wurde behauptet, die seien die eigentliche Direktive »westlichen« Intervenierens: Weil man sich das Öl des arabischen Raumes aneignen oder zumindest über seine Verteilung entscheiden wolle, habe man eine Militärkoalition gebildet, die um der Kapitalakkumulation willen Blut vergieße. Sich gegen eine solche Interventionspraxis zu positionieren war die politische Forderung dieser Parole. Und schließlich war in ihr ein noch weiter gehender Gedanke enthalten: Weil alle Interventionen des »Westens« letztlich ökonomischen Interessen und geostrategischen

Direktiven folgten, sei die gesamte Praxis militärischen Intervenierens abzulehnen und zu bekämpfen.

Das ist ein interessanter Punkt, und keine Antwort auf die Frage, wann wir einschreiten und wo wir uns heraushalten sollen, kann befriedigen, solange sie sich nicht mit diesem Einwurf auseinandergesetzt hat. Denn tatsächlich war das kuwaitische Regime bei der politischen Partizipation der Bürger nicht fortschrittlicher als das irakische des Saddam Hussein, und die traditionalen Strukturen Kuwaits waren mit demokratischen Wertvorstellungen nicht besser kompatibel als die charismatische Rolle Saddams. Wäre es bloß darum gegangen, dass Demokratien für andere Demokratien Partei ergreifen und notfalls auch militärisch intervenieren, wenn sie angegriffen werden, so hätte sich daraus das Erfordernis, zugunsten der kuwaitischen Herrscherfamilie einzuschreiten, kaum herleiten lassen.

Tatsächlich aber gibt es so etwas wie eine Ordnung bei der Verteilung strategischer Ressourcen, und diese Ordnung legt fest, nach welchem Modus der Zugriff auf die knappen und für ökonomische Prosperität unverzichtbaren Ressourcen erfolgt: auf der Grundlage finanziellen Austauschs oder mithilfe militärischer Gewalt. Man kann den Zweiten Weltkrieg auch als einen Krieg um den Modus des Zugriffs auf knappe Ressourcen begreifen. Während die faschistischen Staaten Europas sowie das kaiserliche Japan auf überlegene militärische Gewalt, also das Recht des Eroberers setzten, entwarfen US-Präsident Roosevelt und der britische Premier Churchill die Atlantikcharta, die zur Grundlage der UN-Charta werden sollte: Das Verbot der Gewalt bezog sich auch und gerade auf die Aneignung von Bodenschätzen und Rohstoffen, und das hieß, dass die Aneignung vermittels Zahlung der einzig zulässige Modus bei der Distribution strategischer Ressourcen war – einer Position, der sich auch das sozialistische Lager anschloss, wenngleich die Ermittlung des Preises dort nach anderen Prinzipien erfolgte als in der kapitalistischen Welt. Der Sieg der Alliierten über Deutschland und Japan war gleichbedeutend mit der Durchsetzung dieser Ordnung. Man kann in ihr eine Bevorzugung der reichen Staaten sehen oder sie unter Verweis auf die *terms of trade* als ungerecht bezeichnen – entscheidend ist, dass sie Gewalt als Aneignungsmodus der Ressourcen ausschließt.

Das Verbot von Gewalt bei der Aneignung von Rohstoffen schließt freilich ein, dass diese Ordnung notfalls mit Gewalt gegen Zuwiderhandelnde durchgesetzt wird. Im Prinzip sind die Vereinten Nationen mit dieser Aufgabe betraut, aber de facto sind es die USA, die als der Hüter dieser Grundstruktur der Weltwirtschaftsordnung agieren. Wie der US-Dollar die Währung ist, in der Rohstoffe gehandelt werden, so ist das US-Militär die Macht, die diesen Grundprinzipien der Weltwirtschaft im globalen Maßstab Geltung verschafft. Saddam Hussein hatte mit der Besetzung Kuwaits und dessen Annektion als 19. Provinz des Iraks gegen die Basisprinzipien der Weltwirtschaft und damit gegen die Voraussetzung einer friedlichen Weltordnung verstoßen. Der Zweite Golfkrieg war eine Intervention, mit der die unbedingte Geltung dieser Prinzipien wiederhergestellt wurde; in ihr ging es nicht nur um die Ordnung am Golf, sondern auch um das Prinzip, dass es keine kriegerische Aneignung strategischer Ressourcen geben darf. Diese Intervention diente über die Rückeroberung Kuwaits hinaus dazu, alle potenziellen Nachahmer Saddam Husseins abzuschrecken. In diesem Sinn stand sie unter der Formel: Notfalls muss Blut vergossen werden, damit für Erdöl und andere Ressourcen kein Blut vergossen wird.

Die Theorie des gerechten Krieges
bei der Begründung von Interventionen

Insofern lassen sich zwei Typen des Intervenierens voneinander unterscheiden: Interventionen, in denen es um einen konkreten Fall und nur darum geht und durch die Regierungen wie Gewaltunternehmer daran gehindert werden sollen, weiterhin Verbrechen gegen die Menschenrechte zu begehen, ein Terrorregime über die Menschen in dem von ihnen kontrollierten Gebiet zu errichten und Ähnliches mehr. Es sind dies Formen des Einschreitens, in denen die seit Beginn der Jahrtausendwende als Souveränitätskonditionierung postulierte Schutzverantwortung des Staates gegenüber seinen Bürgern *(responsibility to protect)* zeitweilig von den intervenierenden Mächten übernommen wird, um in dem betreffenden Land Verhältnisse herzustellen, unter denen die Schutzverantwortung wieder von der eigenen Regierung wahrgenommen wird. Und daneben gibt es Interventionen, die als Investitionen in die Glaubwürdigkeit der bestehenden Weltordnung anzusehen sind, wie dies bei der Befreiung Kuwaits der Fall war. Freilich sind beide Typen nur analytisch klar voneinander zu trennen; in der politischen Wirklichkeit geht es eher um die Frage, welcher Anteil bei einer konkreten Intervention überwiegt beziehungsweise welcher Aspekt bei der Entscheidung einer Regierung, auf ein militärisches Eingreifen zu drängen und sich daran mit entsprechenden Kräften zu beteiligen, die ausschlaggebende Rolle gespielt hat. Angesichts der Kosten und Risiken einer Intervention geht dem Entschluss dazu ein komplexes Beratungs- und Entscheidungsverfahren voraus.

Eine wichtige Hilfestellung ist dabei die Theorie des gerechten Krieges, die dem politischen Denken der Antike entstammt und im Mittelalter durch Thomas von Aquin ausgearbeitet worden ist. Die hierin entwickelten vier Kriterien der Rechtfertigung eines Krieges können als moralische Prüfkriterien angewandt werden, wenn es darum geht, einzuschreiten oder sich herauszuhalten. Die beiden ersten Kriterien, der gerechte Grund *(causa iusta)* und die rechte Absicht *(intentio recta)*, haben die jüngere moralphilosophisch-politiktheoretische Debatte bestimmt. Auch die Formel »Kein Blut für Öl« tritt mit dem Gestus auf, bloß vorgeschobene Gründe durch die Aufdeckung der wahren Absichten der Lüge zu überführen. Die beiden ersten Kriterien der Theorie des gerechten Krieges bieten Eckpunkte einer Debatte über Interventionsentscheidungen, aber sie sind alles andere als zuverlässige Kriterien, weil sie weit ausdeutbar sind und durch den Rekurs auf angeblich verborgene Absichten die geltend gemachten Gründe und

Absichten der Intervention ausgehebelt werden können. Die Kriterien des gerechten Grundes und der rechten Absicht sind eher zur Gewissenserforschung eines politischen Entscheiders als zur Klärung einer öffentlichen Debatte geeignet.

Etwas besser geeignet sind die beiden anderen Kriterien der Theorie des gerechten Krieges, nämlich die Frage nach dem Recht der Kriegserklärung *(auctoritas principis)* und der Verhältnismäßigkeit der angewandten Mittel. In die Prüfung der Verhältnismäßigkeit geht immer auch die Erfolgswahrscheinlichkeit ein; dabei kann man sich natürlich verschätzen und verrechnen, aber in vielen Fällen führt das Verhältnismäßigkeitsprinzip dazu, dass ein militärisches Einschreiten ausgeschlossen wird. Die Szenarien des Militärs können der Politik jedenfalls relativ klare Hinweise geben, aus welchen Kriegsgebieten man sich heraushalten sollte, weil die Erfolgsaussicht gering und die Eskalationswahrscheinlichkeit hoch ist. Demgegenüber mögen die Gründe für eine Intervention noch so gerecht und die damit verbundenen Absichten noch so rein sein – wenn bei verhältnismäßigem Waffeneinsatz die Erfolgsaussichten einer Intervention gering sind, sollte man sie unterlassen. Das nimmt sich mitunter gefühllos und zynisch aus. Aber gerade die größten Forderer von Interventionsentscheidungen werden zu deren schärfsten Kritikern, wenn die Dinge nicht so laufen, wie sie sich das vorgestellt haben. Die Opferbilder, die eben noch für eine Intervention sprachen, können morgen schon gegen sie sprechen. Hier ist mehr auf den Rat der Experten zu vertrauen als auf die Empörung der moralisch Engagierten.

Wie aber sieht es mit dem Recht zur Interventionsentscheidung aus? Im Prinzip liegt es allein und ausschließlich bei den Vereinten Nationen, aber die sind durch die Partialinteressen der Vetomächte in ihrer Entscheidungsfähigkeit immer wieder blockiert worden. De facto ist das Recht zur Interventionsentscheidung inzwischen auf regionale Bündnis- und Sicherheitssysteme übergegangen, die in ihrem jeweiligen Einflussbereich nach ihren jeweiligen Maßstäben dafür sorgen (oder dies auch nicht tun), dass ein gewisses Maß an innergesellschaftlicher Gewalt nicht überschritten wird. Das mag normativ unbefriedigend sein, hat sich als praktische Lösung aber bewährt. Jedenfalls ist eine bessere Lösung vorerst nicht in Sicht. Das Manko daran ist weniger im Binnenraum der regionalen Ordnungen als an deren Peripherie zu suchen, wo unklar ist, zu welcher Sicherheitsordnung ein Problemgebiet gehört, ob durch eine Intervention womöglich Einflussgebiete verschoben werden, wer von einer erfolgreichen Intervention profitiert und wer deren Kosten zu tragen hat. Es sind vor allem die Peripherien und Zwischenzonen, mit Blick auf die sich die Frage des Einschreitens oder Heraushaltens stellt. Dabei geht es für die dort lebenden Menschen im Übrigen mitnichten um einen Export »guten Lebens«, sondern um die bloße Sicherung des Überlebens. Schon das ist in den Intermundien der politisch-kulturellen Welten schwer genug.

Peter Felixberger
Gut : Gerecht
Paradoxe Begründungswelten
in Politik und Wirtschaft

Gerechtigkeit kann in modernen Gesellschaften längst nicht mehr von oben verordnet werden. Das hängt damit zusammen, dass sich die politische Entscheidungsmacht von der Aufklärung bis heute immer deutlicher vom Alleinherrscher auf die Bürger eines Landes verlagert hat. Der Souverän als weiser und mächtiger König, wie ihn Thomas Hobbes noch glorifiziert hatte, ist längst einer vielgliedrigen, kleinteiligen Machtarchitektur gewichen, die aus westlichen Demokratien nicht mehr wegzudenken ist. Diese Ausdifferenzierung politischer Macht ist das herausragende Merkmal politischer Systeme der Neuzeit. Der moderne Staat ist nicht nur Rechtsstaat, sondern als Bändiger des Kapitalismus auch Wohlfahrts- und Sozialstaat. Gerechtigkeit wird deshalb in der Politik heutzutage als Verteilungsgerechtigkeit empfunden. Will sagen: Politische Partizipation, Kooperation und Entscheidungsgewalt sowie Grund- und Bürgerrechte werden allen gleichermaßen gewährt. Gerecht ist, wenn alle davon profitieren und es keine Verlierer mehr gibt.

Ganz ähnlich verliefen, wenn man die Perspektive der Machtverteilung einnimmt, die Diskurslinien um den Gerechtigkeitsbegriff in der Ökonomie. Die wirtschaftliche Machtarchitektur wird im Liberalismus westlicher Gesellschaften ebenfalls zunehmend auf den Einzelnen übertragen, der sich im freien Wettbewerb selbst lenken und organisieren soll. Sein Erfolg ist dabei gekoppelt mit höchster Leistung oder zumindest damit, besser als der Nächstbeste zu sein. Jeder kann in dieser Denkfigur ungezügelt seinen Geschäften nachgehen und den anderen übertrumpfen. Gerechtigkeit wird in der Wirtschaft daher vornehmlich als Leistungs- und Effizienzgerechtigkeit beschrieben. Was bedeutet: Der Markt gewährt allen Teilnehmern die höchste Freiheit, grenzenlos Leistungen auszutauschen. Gerecht ist, dass es Gewinner und Verlierer gibt. Darauf reagiert, siehe oben, die Politik mit sozialstaatlicher Verteilungsrationalität.

Es zeigt sich schon an dieser Stelle, dass die Konsequenzen politischer und wirtschaftlicher Gerechtigkeitskonzeptionen höchst unterschiedlich sind. Während die Politik alle ihre Bürger gerechtigkeitstheoretisch zu integrieren versucht und als diesbezügliches Legitimations- und Schutzformat den Sozialstaat entwickelt hat, geht es in der Ökonomie um die Optimierung und Perfektionierung individueller Leistung, weshalb der freie Markt als Legitimationsarena des Gerechten installiert wurde. Die Semantiken rund um ein gerechtes als gutes Leben haben sich in politischen und ökonomischen Semantiken deshalb höchst unterschiedlich entwickelt. Wir wollen im Folgenden betrachten, erstens wie und zweitens mit welchen Konsequenzen. Kurzum, uns interessiert die Frage: Wie gerecht sind, systemisch gesehen, eigentlich politische und ökonomische Gerechtigkeit, und können wir damit überhaupt noch vernünftige Entscheidungen treffen, sprich sozialen Sinn so generieren, dass ihn der Einzelne als gerecht empfindet?

Politik als Hüter sozialer Gerechtigkeit

Die moderne Erzählung politischer Gerechtigkeit beginnt bei Thomas Hobbes. Er betrachtet den Souverän als Herrscher von oben, den Bürger als Untertan. Der König als Souverän ist der autoritäre Gesetzgeber, der unantastbar und unverletzlich ist. Hier liegt der Gründungsgedanke moderner Staatsgewalt. In einem Vertrag akzeptiert der Untertan einen Herrscher, ohne regierungspolitisch beteiligt zu werden. Vor allem in der Französischen Revolution muss der König jedoch per revolutionärer Gewalt Platz machen.

Ab sofort pflegen Souverän und Untertan eine vertragliche Rechtsbeziehung auf Gewaltbasis. Beide legitimieren Gewalt als Mittel zur Durchsetzung gerechter Zwecke.

Jeder Teil, schreibt Walter Benjamin mehr als 100 Jahre später, habe »das Recht, gegen den anderen Gewalt in irgendeiner Art in Anspruch zu nehmen, falls dieser vertragsbrüchig werden sollte«. Machthaber und Untertan sind jetzt auf Augenhöhe im Vertragspoker um die politischen Machtverhältnisse. Gerechtigkeit ist aber so lange machtlos, wie sie nicht durchgesetzt werden kann. Deshalb bedarf es einer Gesetzeskraft, mit der symbolisch Gewalt angedroht werden kann. Stellt sich die Frage, inwieweit Politik in der Lage ist, den Machtgebrauch politisch zu kontrollieren. Denn wer die Macht hat, kann Gewalt ausüben. Wer Gewalt ausübt, setzt das Recht. Wer das Recht setzt, hält die Gerechtigkeit aufrecht.

Mit Michel Foucault wird der Staat zum fürsorglichen Hirten. Dahinter steht das Gegenkonzept des »sich kümmernden, umfassend regierenden Daseinsvorsorgestaates«. In seinen berühmten Vorlesungen zu den Genealogien des Politischen und zur Geschichte der Gouvernementalität fragt er: »Ist die Macht etwas, das besessen, erworben und abgetreten wird, durch Vertrag oder durch Gewalt, das übertragen oder zurückgewonnen wird?« Darauf gibt es zwei Antworten: entweder Hobbes mit der Vertragsmatrix eines gerechten Königs oder Benjamin mit der Gewinner-Verlierer-Matrix im Krieg um die Herrschaft. Demgegenüber stellt Foucault die Metapher des Netzes. »Die Macht übt sich als Netz aus, und über dieses Netz zirkulieren die Individuen nicht nur, sondern sind auch stets in der Lage, diese Macht zu erleiden und auch sie auszuüben.« Foucault verlagert Macht und Gewalt von oben nach unten, verteilt sie auf die Vielen. Innerhalb einer staatsfürsorglichen Leitplankenarchitektur wird der Wirtschaftsbürger liberaler Prägung geboren. Damit er in Ruhe seinen Geschäften nachgehen kann, lässt er sich von oben disziplinieren. Ausgedrückt in der Metapher der Hummel, »die über den Bienenkorb regiert, ohne dafür einen Stachel zu benötigen«.

Mit John Rawls übernimmt der politische Liberalismus das gerechtigkeitstheoretische Zepter. Jetzt wird die Zwangsmacht des Kollektivs freier und gleicher Bürger installiert. Die Einzelvernunft aller verschmilzt zu einer Kollektivvernunft, die so vernünftig ist, dass alle Bürger sie anerkennen müssen. Aus ihr entsteht eine wohlgeordnete Gesellschaft, in der die öffentliche Vernunft zum Garanten der politischen Gerechtigkeit wird. Das Prinzip lautet: Jeder Einzelne vermutet im anderen den gleichen Gerechtigkeitssinn. Ausgangspunkt ist die faire Chancengleichheit, das heißt die faire Ausstattung jedes Einzelnen mit sozialen Grundgütern. Alle Bürger gewinnen, wenn sie sich für Kooperation anstatt für Herrschaft entscheiden.

Am Ende der politischen Gerechtigkeitskaskade steht Ronald Dworkin mit seinem egalitären Liberalismus. Er fordert eine fundamentale rechtliche und sozioökonomische Gleichheit für alle. Es ist das Prinzip der Gleichberücksichtigung aller, das Prinzip der strikten liberalen Gleichheit. Ziel ist eine maximale Verteilungsgleichheit in jeder Hinsicht. Mit Dworkin geht es jetzt nicht mehr nur um die Verteilung politischer Macht, sondern um den individuellen Lebensentwurf mit seiner Glücks-, Wohlergehens- und Erfolgsarchitektur. Das Geschäft des Umverteilens wird allerdings schwieriger, weil jeder Mensch ganz unterschiedliche Präferenzen bezüglich seines Lebensplanes hat.

Dworkin schlägt deshalb ein Verfahren vor, wie alle gleichermaßen zu Beginn mit Ressourcen ausgestattet werden, um ihre je besonderen Lebenspläne verwirklichen zu können. Als Erzählung wählt er dafür die Geschichte von Schiffbrüchigen, die auf einer einsamen Insel stranden. Dort wird eine Auktion veranstaltet, bei der jeder, ausgestattet mit gleich viel Muschelgeld, seine spezifische Ressourcenausstattung erwirbt. Hinzu kommt eine Anti-Handicap-Versicherung, mit der die unterschiedlichen Talente und Fähigkeiten ausgeglichen werden können. Sowie eine Marktrisikoversicherung, die ein bestimmtes Einkommensniveau in unsicheren Marktverhältnissen garantiert. Dworkin kompensiert, verteilt um und gleicht so lange aus, bis jeder ein selbstbestimmtes Leben führen kann.

Der Sozialstaat
als Hüter des politischen Gerechtigkeitsparadoxons

Im Sozialstaat bündelt sich diese kurze Geschichte politischer Gerechtigkeit als großflächiges Legitimationsformat. Aber der scheinbar gelöste Konflikt zwischen individueller Emanzipation und staatlicher Macht bleibt weiterhin ungelöst. Der Sozialstaat übernimmt das Demokratieparadoxon des gleichzeitig Beherrschtwerdens und Selbstherrschens (Niklas Luhmann) der Bürger als Dilemma von Fürsorge und Selbstorganisation. Allgemein formuliert: Einerseits versorgt uns der Staat, und gleichzeitig verlangt er von uns, dass wir für uns selbst sorgen. Damit er wieder für uns sorgen kann.

Der Sozialstaat kompensiert also einerseits die Preisgabe seiner Macht (er beteiligt alle Bürger an politischen und sozialen Rechten) mit dem Zugehörigkeitsimperativ zu einer hierarchisch von oben gesteuerten Staatlichkeit. Der Bürger wiederum kompensiert seine politische Teilhabeverpflichtung mit der Preisgabe seiner Freiheit (dem Streben nach selbst organisiertem Leben). Die Idee des Sozialstaats kann diesem Dilemma nicht entfliehen. Einerseits als Souverän und Fürsorger über seine abhängigen Bürger herrschen zu müssen und gleichzeitig mit ihnen dahin gehend zu kooperieren, sie als Selbstorganisierte in die Freiheit zu entlassen. Die Inklusion wird mit Vorteilen erkauft, die der Bürger nicht selbst verdient hat. Womit dessen Lebensführung zunehmend von staatlichen Entscheidungen abhängig wird.

Wirtschaft als Hüter sozialer Gerechtigkeit

Die moderne Erzählung ökonomischer Gerechtigkeit fängt bei Karl Marx an. 1844 beginnt Marx in Paris mit der Abfassung seiner ökonomisch-philosophischen Manuskripte. Aus der Gegenüberstellung von Bourgeois und Arbeiter (Kapital und Arbeit) zieht der Kapitalismus als Klassengesellschaft seine wichtigste Begründungslogik. Denn wer das Kapital besitzt, wird kein Arbeiter werden – und umgekehrt. Mit der klassenlosen Gesellschaft als dem Paradies der freien Entfaltung aller Naturanlagen jedes Menschen entwickelt Marx eine Befreiungstheorie aus der Zwangsarchitektur der kapitalistischen Unvollkommenheit. Das total entwickelte Individuum steht jetzt für sinnliche Menschwerdung. Die vollendete Gesellschaft kennt nur noch vollendete Menschen. Man entkoppelt sich aus der Entfremdung der Klassengesellschaft und verwirklicht sich als Produzent seiner selbst sowie im Spiegel der Anerkennung der anderen. Die Macht des Einzelnen besteht somit in seiner Ohnmacht.

Es ist interessant, wie Marx-ähnlich die späteren Vordenker des liberalen Kapitalismus ihre Denkfigur aufbauen. Milton Friedman beispielsweise nimmt die Kommunikationsofferte der Unvollkommenheit auf, leitet aber daraus die Kooperation und Koordination aller innerhalb eines Wettbewerbskapitalismus ab, von dem alle profitieren. Immer natürlich freiwillig und auf allen Seiten ohne jeden Zwang. Friedman betrachtet Wirtschaft als sozialen Mechanismus, der einen Austausch von Gütern und Dienstleistungen organisiert, durch den Käufer und Verkäufer gleichermaßen profitieren. Das Mantra lautet: Jeder erhält das, was er will. Ein Spielleiter oder Schiedsrichter sorgt als Regierungsgewalt dafür, dass alle in Ruhe ihren Geschäften nachgehen können und sich nicht übervorteilen.

Obwohl gleicher Ausgangspunkt, trennen sich an dieser Stelle die Wege zwischen Kapitalismus und Kommunismus. Der Kapitalismus misstraut letztlich der individuellen Vollkommenheit und hofft auf gesellschaftliche Selbststabilisierung, um Gewinn- und Profitmaximierung zu bändigen. Der Kommunismus wiederum verspricht die Erlösung der individuellen Unvollkommenheit durch Selbstentfaltung in der Auflösung jedweder Entfremdung in einer Gesellschaft gegenseitiger Anerkennung und Gemeinwohlbereicherung.

Friedrich August von Hayek nimmt die Idee des ungehinderten Wettbewerbs seinerseits auf und verknüpft sie mit der Semantik von Leistung und Anstrengung. Der Kaufpreis wird zum Gerechtigkeitsregulativ. Der beste Preis ist, so Hayek, immer das Ergebnis größter Leistung, da der Einzelne nicht weiß, ob jemand anderer einen besseren Preis oder noch eine größere Anstrengung/Leistung anbieten oder erzielen wird. Besser als der Nächstbeste zu sein, wird zum Leistungsmantra des freien Marktes. Wirtschaft ist für Hayek eine Mischung aus Geschicklichkeits- und Glücksspiel. Jeder wird für Leistungen belohnt, von denen Käufer und Verkäufer profitieren, aber ohne die Bedürfnisse des anderen zu kennen. Planung und Strategie müssen permanent angepasst werden. Durch Ausprobieren wird der unbekannte Käufer mit immer adäquateren Produkten und Leistungen bedient. Das Unvorhersehbare wird am Markt permanent einer Prüfung unterzogen und auch je nachdem gekauft oder liegen gelassen. Die höchste Gerechtigkeit besteht für Hayek darin, wenn die Chancen für alle größtmöglich sind, an diesem Spiel teilzunehmen. Gerecht ist folglich nur mehr die Vorstellung, besser als der andere zu werden.

Mit Peter F. Drucker betritt der erste Managementdenker die Bühne, der die Akteure am Markt systematisch zu professionalisieren gedenkt. Denn deren Leistungen müssen ständig verbessert werden, um im Wettbewerb Austausch- und Kooperationsgewinne zu erzielen. An dieser Nahtstelle wird die Idee des Managements als Katalysator der Leistungssteigerung geboren. Der Manager sorgt jetzt als Wissensarbeiter für die Ideen, die in nützliche Güter und Dienstleistungen verwandelt werden. Dazu bedarf es einzig und allein der Effektivität, also der Fähigkeit, das Richtige zu bearbeiten, was nichts anderes ist, als eine Leistung für einen Kunden zu erbringen. Wirtschaft wird deshalb zum Wettbewerb, der Effektivste zu werden und zu bleiben, um Kunden zu binden. Der Zweck von Unternehmen besteht einzig darin, diese Kunden zu finden, aber nicht mehr darin, den Profit zu maximieren.

Gunter Dueck wiederum entwickelt die Kommunikationsofferte des Managers weiter zum E-Man, der das Prinzip Effektivität zum Prinzip Optimierung fortschreibt. E-Man ist »der Kreative, der Authentische, der Erfinder, Innovator, Unternehmer, der Flexible, Unverwüstliche, Optimistische, Kooperative, Kommunikative«, schreibt er. Es reicht für ihn nicht mehr nur, das Richtige zu bearbeiten, sondern ständig das Optimale zu erreichen. Vollkommenheit besteht jetzt darin, einzigartige Produkte und Dienstleistungen zu entwickeln. Wissen wird zum entscheidenden Produktionsfaktor, das sich durch Gebrauch sogar vermehrt im Gegensatz zu Kapital, Arbeit oder Rohstoffen, die sich durch Gebrauch erschöpfen.

Der Markt als Hüter des ökonomischen Gerechtigkeitsparadoxons

Das systemisch legitimierte Format ökonomischer Leistungs- und Effizienzgerechtigkeit in der modernen Gesellschaft ist der Markt, der sich maßgeblich in der industriellen Moderne seit dem 18. Jahrhundert in Deutschland und Europa entwickelt hat. Die ihr zugrunde liegende privatrechtliche Ordnung garantiert einen gewalt- und betrugsfreien Interaktionsraum von Leistungen und Kooperation, also eine geordnete Unordnung.

Freie Marktteilnehmer gehen ungezügelt ihren Geschäften nach, misstrauen aber gleichzeitig dieser Freiheit und installieren Regeln und Gesetze. Die Freiheit der Ökonomie minimiert damit das Bedrohungspotenzial menschlicher und moralischer Unberechenbarkeit. Entscheidend ist allerdings, wer diese Ordnungsregeln innerhalb von Wirtschaft und Markt festlegt und durchsetzt. Die Geschichte des Marktes ist deshalb auch die Geschichte eines permanenten Machtkonflikts um die Ordnungsmacht ökonomischer Freiheitsgarantie (mit der Freiheit und Gerechtigkeit eines grenzenlosen individuellen Leistungsaustausches). Dabei etabliert sich ein ökonomisches Gerechtigkeitsparadoxon, das den Markt konstituiert: Ist es gerecht, den freien Tausch und die freie Kooperation zu kontrollieren, oder anders gesagt Freiheit mit Zwang (Unfreiheit) zu erhalten? Unter Umständen sogar mehr Freiheit mit mehr Zwang (Unfreiheit) zu garantieren?

Im Laufe der deutschen Wirtschaftsgeschichte hat sich bei der Beantwortung dieser Frage die Perspektive aufgedrängt, dass eine Wirtschaftsordnung mit privatrechtlichen Regeln nur vom Staat durchgesetzt werden könne, weshalb der Markt immer auch hinsichtlich der Beziehungsqualität und des Gerechtigkeitsmanagements zwischen Privatrechtsgesellschaft und Staat interpretiert wird.

Die Idee des Marktes schlittert aber mit seiner Optimierungs- und Perfektionssemantik in ein grundlegendes Dilemma: Es drängt die Akteure zu einer Entgrenzung der ökonomischen Aktion, fordert aber gleichzeitig ihre Begrenzung. Einerseits sollen Unternehmer ohne jede Einmischung von außen ihren Geschäften und Transaktionen nachgehen dürfen, andererseits soll ihr Radius mit Regeln und Gesetzen eingeschränkt werden. Es stehen sich in der Konsequenz der Denkfiguren der wilde Markt (Marktabsolutismus) und der (zentral) gelenkte Markt (Staatsabsolutismus) gegenüber. Dazwischen mäandert die Fragestellung, inwieweit der Markt gesellschaftsfähig und die Gesellschaft marktfähig gehalten werden soll und kann.

Der Markt installiert deshalb das Ökonomieparadoxon des Selbstlenkens und Gelenktwerdens als Dilemma von ungezügeltem Wettbewerb und (zentraler) Lenkung mit Regeln und Gesetzen. Der Konflikt zwischen vollkommener Ökonomie und unvollkommener Individualität kann aber nicht aufgelöst werden.

Fazit oder warum Gerechtigkeit?

Politik und Wirtschaft agieren fortdauernd inmitten ihrer eigenen Gerechtigkeitsdilemmas. Mit dem Sozialstaat hat die Politik das Prinzip der Verteilungsgerechtigkeit eingeführt. Der Markt wiederum hat sich das Begriffsbollwerk der Leistungsgerechtigkeit gezimmert. Der Sozialstaat lebt dabei in dem Dilemma, jeden Einzelnen versorgen zu wollen, obwohl dieser gleichzeitig für sich selbst sorgen soll. Und jeder, der das nicht schafft, erwartet, versorgt zu werden. Ich nenne es das Dilemma aus Fürsorge und Selbstorganisation, also gleichzeitig versorgt zu werden und für sich selber zu sorgen. Der Markt installiert seinerseits das Paradoxon des ungezügelten Selbstlenkens im Wettbewerb mit dem wirtschaftspolitischen Gelenktwerden durch Gesetze und Verordnungen. Wir kennen das Phänomen in Finanzkrisen: Jedes Unternehmen beansprucht, wenn es normal läuft, höchstmögliche Freiheitsgrade, ruft aber sofort nach staatlicher Unterstützung, wenn es ökonomisch in Schwierigkeiten gerät. Das bezeichne ich als Dilemma aus Lenkung und Selbstbestimmung.

Aus diesen Paradoxien gibt es kein Entrinnen. Beispiel: Mindestlohn. Verteilungsgerecht bedeutet, je mehr Mindestlöhne (Fürsorge), desto weniger Markt (Selbstorganisation). Leistungsgerecht heißt, je weniger Mindestlöhne, desto mehr Markt. Beide Gerechtigkeitssemantiken werden in erster Linie öffentlich verwendet, um die jeweiligen Zielsetzungen durchzusetzen und voneinander abzuschotten. In Parteien, Gewerkschaften, Arbeitgeberverbänden oder in Wirtschaftsvereinigungen sowie in Medien finden dann inszenierte Meinungsverschiedenheiten rund um die eigenen Paradoxierungen statt. Jeder beansprucht seine Gerechtigkeit als noch gerechter. Es kommt zu Abgrenzungen, aber auch zu romantischen Versöhnungsgesten, wenn zum Beispiel bezüglich eines gerechten Lohns in Unternehmen jeder Mitarbeiter Einblick in die Gehaltsskalen seiner Kollegen erhält, wie es in Schweden und Brasilien zunehmend beliebter wird.

Man kann es aber auch anders betrachten. Über die Paradoxierung des Gerechtigkeitsbegriffes differenziert sich die moderne Gesellschaft weiter aus, sodass ihre Mitglieder anschlusskommunikativ gerecht leben und handeln können. Und ihnen damit mehr Sinnstiftungsangebote offeriert werden. Das hat zwar zur Folge, dass es von oben keine zentrale Gerechtigkeitsinstanz mehr gibt, aber es hilft, dass Gerechtigkeitslösungen von unten punktuell entwickelt werden können. Mithilfe von Kompetenz. Im Falle des Mindestlohns würde das bedeuten, dass womöglich in bestimmten Branchen Mindestlöhne für Betroffene sozial gerecht sind, während die *eine* Mindestlohnverordnung von oben für alle Wirtschaftszweige umstritten und damit weiter dem hegemonialen Machtspiel unterworfen bleibt.

Unsere kleine Gerechtigkeitsgeschichte in Politik und Wirtschaft hat auf jeden Fall gezeigt, dass gerecht denken und handeln heutzutage nur auf dem Rücken politischer und ökonomischer Gerechtigkeitsparadoxierung möglich ist. Das gilt auch für den Alltag. Amartya Sen erzählt dazu ein illustratives Beispiel, wie schwierig es überhaupt ist, Gerechtigkeit walten zu lassen. Drei Kinder, Anne, Bob und Clara, streiten sich um eine Flöte. Anne fordert die Flöte für sich, weil sie das Instrument als Einzige spielen kann und es ungerecht wäre, ihr die Flöte deshalb zu verweigern. Bob verteidigt seinen Anspruch auf die Flöte mit dem Argument, dass er so arm sei und als Einziger der drei kein Spielzeug besitze. Bekäme er die Flöte, hätte er etwas zu spielen. Clara schließlich erklärt, dass sie viele Monate gearbeitet habe, um die Flöte selbst zu bauen. Jetzt kämen diese Ausbeuter und würden ihr die Flöte wegnehmen wollen. Das sei ungerecht.

Interessant ist: Je nachdem, welche Perspektive man einnimmt (und es gibt gute Gründe, jede einzunehmen), würde auch eine gerechte Lösung herauskommen.»Für sämtliche unterschiedliche Lösungen sprechen gewichtige Argumente, und wir können möglicherweise keines der alternativen Argumente ohne eine gewisse Willkür über die anderen stellen.« Verteilungsgerecht wäre es, Bob die Flöte zu geben (soziale Gleichheit). Leistungsgerecht wäre es, Clara die Flöte zu geben (wirtschaftlicher Verdienst). Und chancengerecht wäre es, Anne die Flöte zu geben (individuelle Fähigkeit). Anne, Bob oder Clara? Wer soll die Flöte erhalten? Was ist gut und gerecht?

Dazu gibt es übrigens eine wunderbare Geschichte: Ein Beduine möchte auf dem Sterbebett elf Kamele an seine drei Söhne vererben. An den ersten Sohn die Hälfte, an den zweiten ein Viertel und an den dritten ein Sechstel der Kamele. Rein praktisch eine unmögliche Verteilungsaufgabe. Elf lässt sich weder durch zwei, vier noch sechs teilen. Ein weiser Richter wird gerufen. Nach einiger Zeit schlägt er vor, dass er den Söhnen noch ein Kamel aus seinem eigenen Bestand überlässt. Und siehe da, bei zwölf Kamelen erhält jeder seinen gerechten Anteil: der erste Sohn sechs, der zweite drei und der dritte Sohn zwei Kamele.

Doch jetzt kommt's. 6 + 3 + 2 ergibt wieder nur elf. Die Söhne staunen, dass ein Kamel übrig geblieben ist. Der weise Richter lächelt und nimmt sein geliehenes Kamel wieder zurück. So gerecht kann Gerechtigkeit sein.

Was lernen wir daraus? Gerechtigkeit hat viel mit Kompetenz zu tun. Und weniger mit starren Prinzipien, die man durchsetzen oder miteinander versöhnen muss. Deshalb Szenenwechsel: Wir fragen hypothetisch einen deutschen Politiker oder Manager, was er in diesem Fall getan hätte? Nun, der Manager würde wahrscheinlich versuchen, herauszubekommen, welcher der drei Söhne wirtschaftlich am effizientesten ist. Denn nach dem Prinzip der Leistungsgerechtigkeit würde er das Erbe seines Vaters am ehesten verdienen und es vermehren. Der Politiker wiederum würde jedem Sohn drei Kamele zugestehen und die zwei restlichen als Erbschaftssteuer einkassieren. Vor dem Prinzip egalitärer Verteilungsgerechtigkeit sind ja alle gleich.

Für eine kompetente Gerechtigkeitslösung benötigt man deshalb Menschen, die in der Lage sind, bei punktuellen Lösungen die unterschiedlichen Paradoxien im Blick zu haben und zu postideologischen Lösungen zu kommen, in denen sich alle einrichten können. Was wiederum voraussetzt, dass man die dafür notwendige Perspektivendifferenz als Voraussetzung betrachtet, einen vernünftigen Diskurs zu führen sowie eine große Vielfalt von Gesichtspunkten und Ansichten aus allen Ecken der sozialen Meinungsverteilung zuzulassen. Moderne Gesellschaften sind polykontextural. Der Soziologe Peter Fuchs schreibt: »Es gibt keinen dominanten beziehungsweise legalen Beobachter. Die Gesellschaft ist ohne Mitte, sie ist nicht ausstattbar mit gesellschaftsweit gültigen Direktiven.« Daraus speist sich aber die eigentliche Kompetenz, wenn es um gerechte Lösungen geht. Sie leugnet nicht die Existenz paradoxer Begründungswelten, sondern ist sich ihrer bewusst. Damit versucht sie auch, die normativ-ideologischen Schleier zu lüften, die in Politik und Wirtschaft verwendet werden, die je eigene Position durchzusetzen oder fehlende Sachargumente zu kaschieren.

Thomas C. Boyle
In guten Händen
Eine Erzählung

Ihr gefielen seine Hände. Seine Augen. Wie er sie ansah, als könnte er unter die Haut blicken, als formte er sie aus Lehm, mit seinen Fingern, die an ihrem Kinn, an den Augenhöhlen entlangstrichen, ihre Stirn erforschten. Sie war aus dem reinen, grellen Frühsommerlicht in die Praxis getreten, hatte sich am Empfang gemeldet und kaum Zeit gehabt, eine der Zeitschriften auf dem Ende des Beistelltisches durchzublättern, bis sie hereingebeten worden war in sein Sprechzimmer mit den stillen Schatten und dem großen, mit schwarzem Leder bezogenen Liegesessel, der mitten im Raum stand. Er sah aus wie ein Behandlungsstuhl beim Zahnarzt, das war ihr erster Eindruck, nur ohne all die Apparate. Und das war gut, denn sie ging nur sehr ungern zum Zahnarzt – wer ging schon gern hin? Schmerz, notwendigen Schmerz, Schmerz im Dienst von Verbesserung und Gesundheit, das war es, was der Zahnarzt einem gab, und sie fragte sich, was dies ihr geben würde. Der Liegesessel sagte ihr nichts, schüchterte sie aber dennoch ein, und so setzte sie sich auf einen Stuhl an dem mit einer Jalousie versehenen Fenster. Und dann kam er herein, lächelnd, mit leiser Stimme, und er nahm sich ebenfalls einen Stuhl, setzte sich zu ihr und studierte ihr Gesicht.

»Eigentlich interessiere ich mich für Botox«, hörte sie sich sagen. Die Wände absorbierten ihre Worte, als säße sie in einem Beichtstuhl. »Für diese Falten hier« – sie hob die Hand und fuhr mit zwei Fingern über die Nasenwurzel – »und vielleicht auch unter den Augen. Ich finde … also, wenn ich in den Spiegel sehe, kommen sie mir ein bisschen verquollen vor, müde oder so. Hier. Und da. Und vielleicht könnten Sie – wenn es kein radikaler Eingriff ist – hier ein wenig glätten? Wäre das möglich?«Unwillkürlich musste sie lachen, es war ein nervöses Lachen, ja, weil dies alles ihr fremd war und er seit der leisen Begrüßung kein einziges Wort mehr gesagt hatte, sondern nur mit seinen Augen die Linien ihres Gesichts abgetastet hatte, ohne auch nur ein einziges Mal zu blinzeln.»Es hat wohl was damit zu tun, dass ich bald Geburtstag habe – nächste Woche. Dann bin ich fünfunddreißig, stellen Sie sich das vor, und darum habe ich –«

»Ja«, sagte er und erhob sich,»aber warum setzen Sie sich nicht hierhin« – er zeigte auf den Liegesessel –,»damit wir uns das mal genauer ansehen können?«

Am Empfang vereinbarte sie einen Termin für die Botox-Behandlung. Beide Sprechstundenhilfen – oder nein, eine war eine Arzthelferin, die im Aktenschrank in der Ecke Unterlagen durchblätterte – hatten makellose Gesichter, keine Runzeln, kein Fältchen, und sie fragte sich, wie das kam. Kriegten die einen Rabatt? War das eine der Annehmlichkeiten dieses Jobs? Es waren Formulare auszufüllen, und man gab ihr eine bunt bebilderte Broschüre, die sie zu Hause lesen sollte. Das Botox war eine Kleinigkeit, hatte er ihr versichert, das Einfachste auf der Welt und in kaum fünfzehn Minuten erledigt, und die Behandlung der Augenpartie war ebenfalls eine Routinesache: Fettpölsterchen entfernen und die Haut ein wenig straffen, das Ganze ambulant, natürlich unter Narkose. Der Heilungsprozess würde einen Monat dauern, nach zwei, spätestens drei Monaten würde alles perfekt sein. Er hatte mit den Fingern über ihr Kinn gestrichen, die Haut unter ihren Ohren gestreichelt und die Daumen in die Vertiefungen dort gedrückt.»Sie haben eine sehr schöne Haut«, hatte er gesagt.»Gehen Sie nicht in die Sonne, und Sie werden in den nächsten fünfzehn, zwanzig Jahren keine größere Behandlung brauchen.«

»Ach, übrigens«, sagte sie zu der Sprechstundenhilfe und fühlte sich jetzt heiter und optimistisch,»hat Dr. Mellor seine Frau eigentlich auch behandelt? Ich meine die Art von Behandlung, die ich jetzt bekomme?«

Sie schob ihre Kreditkarte über die Theke. »Ist ja nicht weiter wichtig, ich dachte nur … ob er vielleicht auch seine eigene Frau …?«

Die Frau am Empfang – *Maggie* stand auf dem Namensschildchen – war in den Dreißigern, vielleicht auch Vierzigern, es war schwer zu sagen. Sie hatte ihr Haar aufgesteckt und trug über verdächtig vollen Brüsten eine tief ausgeschnittene Bluse, aber sie war ja auch sozusagen die Visitenkarte, oder? Ihr Lächeln – das komplizenhafte, heitere Lächeln, das sie bisher zur Schau getragen hatte – erstarb plötzlich. Die Augen – zu rund, die Winkel zu straff – wichen aus. »Das weiß ich nicht«, sagte sie. »Er ist seit fünf Jahren geschieden, und ich bin erst seit drei Jahren hier. Aber ich wüsste nicht, warum nicht.«

Die Prozedur – die Injektion des Botulintoxins in die Haut zwischen ihren Augen und dann hinauf bis zum Haaransatz, ein Nadelstich nach dem anderen – war schmerzhafter, als sie gedacht hatte. Er betäubte den Bereich zwar mit einer Kühlpackung, aber durch die Kälte bekam sie Kopfschmerzen, und die Nadelstiche spürte sie dennoch. Beim zweiten oder dritten zuckte sie wohl zusammen, denn er fragte sie: »Alles in Ordnung?« Sein Gesicht war nur Zentimeter von ihrem entfernt, und seine blassgrauen Augen sahen forschend tief in die ihren. »Ja«, sagte sie und versuchte zu nicken, aber das machte es nur noch schlimmer. »Ich glaube, ich kann Schmerzen nicht sehr gut aushalten.« Sie versuchte, sich zusammenzureißen und die Sache leichtzunehmen, denn sie war keine Heulsuse – nein, Heulsuse entsprach nicht dem Bild, das sie von sich hatte. Ganz und gar nicht. »Zu empfindsam wahrscheinlich«, sagte sie und meinte es als Witz.

Das Toxin, hatte er ihr in seinem priesterlichen Ton erklärt, werde die Muskeln zwischen ihren Augen und auf der Stirn lähmen, sodass sich ihre Haut nicht in Falten legte, wenn sie ins helle Sonnenlicht blinzelte oder stirnrunzelnd ihr Scheckbuch studierte – die Haut werde sich kein bisschen bewegen. Sie werde wütend sein können, in Rage, so fuchsteufelswild wie nur je in ihrem Leben, und ihre Körpersprache – der Mund, der Blick – werde diese Wut auch ausdrücken, doch ihre

Stirn werde so glatt und faltenlos bleiben, als schliefe sie und träumte von einem Boot, das über einen friedlichen See trieb. Die Wirkung werde im Durchschnitt natürlich nur etwa drei Monate anhalten; dann müsse die Prozedur wiederholt werden. Und er müsse sie darauf hinweisen, dass ein kleiner Prozentsatz der Patientinnen von Nebenwirkungen berichtete – Kopfschmerzen, Übelkeit und dergleichen. Ein sehr kleiner, im Grunde unbedeutender Prozentsatz. In den richtigen Händen sei das Mittel vollkommen unbedenklich. Diese Botox-Partys dagegen, von denen sie sicher gelesen habe? Keine gute Idee.

Jetzt nahm er ihre Hand und legte sie auf ihre Stirn und die Wundauflage, die sie festhalten sollte, bis die Einstiche nicht mehr bluteten. »So«, sagte er, »das war doch nicht so schlimm, oder?«

Sie lag in dem Sessel, sah ihm in die Augen und spürte, wie etwas in ihr nachgab, wie der letzte Widerstand sich verflüchtigte: Sie war jetzt in seiner Hand. Dies war sein Reich, dieser abgedunkelte Raum mit dem Liegesessel, den gerahmten Urkunden an den Wänden, dem Schimmern polierten Metalls. Wie alt er wohl war? Sie konnte es nicht sagen, und schlagartig wurde ihr bewusst, dass er den gleichen Gesichtsausdruck hatte wie die Arzthelferin und die Sprechstundenhilfe, dass seine Stirn faltenlos blieb und seine Augen so gerundet waren, als wären sie aus Teig modelliert. Vierzig, vermutete sie, vielleicht auch fünfundvierzig. Aber er hatte sehr breite Schultern – und was für Hände! Seine Hände waren wie eine Heizdecke an einem kalten Abend in einer Hütte tief im Wald. »Nein«, log sie. »Nein, gar nicht schlimm.«

»Gut«, sagte er und erhob sich, ohne den Blick von ihr zu wenden. »Wenn irgendwelche Probleme auftreten, ganz gleich, ob tagsüber oder nachts, rufen Sie mich bitte an.« Er ging zu dem Tisch in der Ecke und kehrte mit einer Visitenkarte zurück, auf der sein Name und seine private Telefonnummer sowie die der Praxis standen. »Und dann müssen wir noch einen Termin für den Eingriff an den Lidern machen – sagen Sie einfach, wann es Ihnen passt, wir werden uns nach Ihnen richten.«

Sie wollte ebenfalls aufstehen, doch bevor sie sich rühren konnte, streckte er die Hand aus und nahm ihr die Wundauflage von der Stirn, und sie sah, dass diese voller winziger roter Punkte war.»Hier«, sagte er und reichte ihr einen Handspiegel.»Sehen Sie? Keine Spuren. Wenn Sie wollen, können Sie etwas Make-up auflegen. Die ersten Resultate sollten in ein, zwei Tagen sichtbar sein.«

»Wunderbar«, sagte sie und lächelte ihn an. Im Hintergrund – sie hatte es schon die ganze Zeit, auch während ihres kleinen Anfalls von Wehleidigkeit, mit halbem Ohr gehört – drang aus den irgendwo in der Wand verborgenen Lautsprechern vertraute Klaviermusik, so regelmäßig und präzise wie der Schlag eines jungen Herzens. Bach. Die Partiten für Klavier, und sie konnte den Pianisten – wie hieß er noch mal? – mitsummen hören. Sie erhob sich, blieb für einen Augenblick reglos in dem stillen, von Schatten erfüllten Raum mit dem hellen Licht stehen, das auf den Liegesessel in der Mitte des Raums ausgerichtet war, und nahm die Musik in sich auf, als wäre diese ihr gerade erst bewusst geworden.»Mögen Sie klassische Musik?«, murmelte sie.

Er lächelte sie an.»Ja, klar.«

»Bach?«

»Ist das Bach? Ich weiß es nie – das kommt per Kabel vom Musikservice. Aber die sind gut, und ich glaube, es hilft den Patienten, sich zu entspannen – es ist so beruhigend, nicht? Besser als Heavy Metal, oder?«

Sie nahm ihren ganzen Mut zusammen, und alles, was danach geschah, war eine Folge davon, so unbestreitbar und unvermeidlich, als hätte sie es von Anfang an so geplant:»Ich frage nur, weil ich für Samstagabend zwei Konzertkarten für die Music Academy habe. Es wird ausschließlich Bach gespielt, und« – sie hob die Augenbrauen, jetzt konnte sie es noch –»meine Freundin hat mir heute Morgen gesagt, dass sie nicht wird kommen können. Sie hat … sie musste unerwartet verreisen, und … ich wollte Sie fragen, ob Sie mich gern begleiten würden.«

Nach dem Konzert – er hatte dankend abgelehnt, hatte gesagt, er würde liebend gern mitkommen, müsse aber Maggie fragen, wie es mit seinen Terminen aussehe, und tatsächlich hatte er einen Termin – ging sie ins Andalusia, ein Restaurant, das ihr gefiel, weil es eine gute Atmosphäre und eine lange Bar hatte, an der die Leute sitzen und trinken und Tapas essen konnten, während ein Gitarrist sich in der Ecke beim offenen Kamin durch das Flamenco-Repertoire arbeitete. Sie kannte die Leute hier – besonders Enrique, den Barmann – und fühlte sich nicht unwohl, wenn sie allein kam. Oder vielmehr: Sie fühlte sich unwohl, aber nicht so sehr wie anderswo. Enrique hatte ein Auge auf sie und sorgte dafür, dass niemand aufdringlich wurde. Er beschützte sie, vielleicht ein bisschen zu sehr, aber wenn er eine Schwäche für sie hatte, konnte sie das vielleicht zu ihrem Vorteil nutzen. Ein kleiner Flirt, das war alles, denn sie war nicht ernsthaft auf der Suche, nicht seit ihrer Scheidung. Sie hatte ein Haus, Geld auf dem Konto, sie konnte essen, wann und wo sie wollte, sie konnte reisen und ihr Leben nach eigenem Belieben einrichten, und das gefiel ihr – jedenfalls sagte sie sich das.

Sie bestellte Ceviche und einen Salat, nippte an ihrem chilenischen Rotwein und blätterte in der Lokalzeitung – den Kontaktanzeigen konnte sie nie widerstehen: Sie waren so geschmacklos, so unaufrichtig und unverstellt selbstsüchtig; es war erstaunlich, wie lächerlich Menschen sein konnten –, als jemand ihre Schulter berührte, und da stand Dr. Mellor in einem blassgoldenen Sportjackett und einem schwarzen Seidenhemd mit offenem Kragen. »Hallo«, sagte er, »oder sollte ich lieber sagen *buenas noches*?«, und nichts in seinem Ton erinnerte auch nur entfernt an einen Arzt.

»Oh, hallo«, sagte sie überrascht. Da war er und beugte sich abermals über sie, und obwohl sie während des ganzen Konzerts an ihn gedacht und in Gedanken versucht hatte, ihn auf den leeren Platz neben sich zu setzen, konnte sie sich nun eine verwirrte Sekunde lang nicht auf seinen Namen besinnen. »Wie geht es Ihnen?«

Er lächelte nur. Es verging ein kurzer Augenblick. Enrique stand nicht weit entfernt am Ende der Bar und warf ihr einen Blick zu.

»Sie sehen toll aus«, sagte er schließlich. »Große Abendgarderobe, hm?«

»Für das Konzert«, sagte sie.

»Ach ja, das Konzert. Wie war es?«

»Ganz gut.« Es hatte seinen Zweck erfüllt und ihr einen Grund gegeben, etwas Make-up aufzulegen und aus dem Haus zu gehen, etwas zu tun, irgendetwas. »Eigentlich ein bisschen langweilig. Orgelmusik.« Sie ließ ihr Lächeln erblühen. »Ich bin in der Pause gegangen.«

Auch sein Lächeln wurde jetzt offener. »Tja, was soll ich da sagen? Gut, dass ich keine Zeit hatte? Aber Sie sehen großartig aus, wirklich. Keine Komplikationen? Die Kopfschmerzen sind weg? Keine Probleme mit dem Sehen?«

»Nein«, sagte sie, »nein, mir geht's gut«, und dann sah sie Maggie. Sie saß an einem der Tische und beobachtete sie, mit offenem Haar und silbernen Ohrhängern, die über nackten Schultern baumelten.

»Gut«, sagte er, »gut. War schön, Sie zu sehen – das nächste Mal dann also kommende Woche, nicht?«

Das Erste, was sie tat, als sie heimkam: Sie legte Musik auf, denn sie konnte die Stille des leeren Hauses nicht ertragen. Es war nicht Bach, alles, nur nicht Bach. Ihre Hand ging zur ersten CD auf dem Regal, einer Reggae-Zusammenstellung, wie sich herausstellte, die ihr Mann zurückgelassen hatte. Sie schenkte sich ein Glas Wein ein, während die Akkorde wie Trümmer in das stetig zurückweichende Meer der Basslinie fielen – da war eine Drohung, im Text und in der unerschütterlichen Rhetorik der Besitzlosen. Reggae. Sie hatte Reggae nie sehr gemocht, aber da war er jetzt, die Hintergrundmusik zu ihrem sich entfaltenden Drama der Verwirrung und Enttäuschung. Und Wut, auch Wut. Er hatte sie abblitzen lassen, dieser Dr. Mellor. Hatte gesagt, er sei zu beschäftigt, zu beschäftigt, um neben ihr in einem dämmrigen Konzertsaal zu sitzen und zuzuhören, wie sich ein Professor des örtlichen Colleges am Flügel abmühte, aber er war nicht im Mindesten peinlich berührt gewesen, bei einer Lüge ertappt worden zu sein.

Ganz zu schweigen von zerknirscht. Er hatte versucht, die Sache ins Scherzhafte zu ziehen, als wäre sie ein Niemand, als zählte ihre Einladung nicht – und warum? Damit er seine Sprechstundenhilfe flachlegen konnte?

Die Fenster waren schwarz von der verdichteten Nacht, und sie ging von einem zum anderen und zog die Vorhänge zu, zu viele Vorhänge, zu viele Fenster. Das Haus – sie hatte es haben wollen oder geglaubt, es haben zu wollen, es war ein Neubau mit begehbaren Kleiderschränken, einer Dreiergarage und über fünfhundert Quadratmeter Garten mit Blick auf die Hügel und das Meer dahinter – war zu groß für sie. Viel zu groß. Selbst als Rick noch da gewesen und sie selbst rund um die Uhr damit beschäftigt gewesen war, Möbel und Teppiche auszusuchen und Kataloge und Gartenbücher zu studieren, war sie sich darin verloren vorgekommen. Es gab keine gemütlichen Winkel – es war ein unverwinkeltes Haus, das ebenso gut eine ehemalige Scheune in Nebraska hätte sein können –, keine abgeschirmte Ecke, keinen Ort, wo sie sich sicher und geborgen fühlen konnte. Sie ging durch das Esszimmer zur Küche und dann wieder in den Raum, den der Architekt als »großen Salon« bezeichnet hatte, und schaltete unterwegs alle Lampen an. Dann schenkte sie sich ein zweites Glas Wein ein, ging ins Badezimmer und verschloss die Tür.

Sie starrte lange ihr Spiegelbild an. Die Falten – die zwei vertikalen Furchen zwischen ihren Augen – sahen nicht merklich anders aus als zuvor, aber vielleicht waren sie nicht mehr so tief, das vielleicht schon. Sie legte den Finger darauf, strich über die Haut. Dann lächelte sie, zunächst verführerisch – »Hallo, Dr. Mellor«, sagte sie zu ihrem Spiegelbild, »oder wie soll ich Sie nennen? Ed? Eddie? Ted?« – und dann albern, indem sie Fratzen schnitt wie damals, als kleines Mädchen mit drei Schwestern, wenn sie an ihren Lippen, Nasen und Ohren herumgedrückt und gekichert und gekreischt hatten, bis ihre Mutter gekommen war, um sie aus dem Badezimmer zu scheuchen. Es half nichts. Sie nahm das Weinglas von der Marmorplatte des Waschtischs, trank es aus und sah sich als das, was sie war: eine nicht mehr ganz so junge

Frau mit einem missmutigen Gesicht, einer zu großen Nase, einem zu spitzen Kinn und Augen, in denen sich Wachsamkeit und Misstrauen verfestigten. Aber sie war interessant. Das war sie. Interessant und auch hübsch, auf ihre eigene Art. Hübscher als die Sprechstundenhilfe oder die Arzthelferin oder die Hälfte der anderen Frauen in der Stadt. Wenigstens sah sie echt aus. Oder nicht? Und wie viel war »echt« eigentlich wert? Sie schlüpfte aus ihren Kleidern und musterte sich lange in dem großen Spiegel an der Tür. Von der Seite betrachtet, wölbte sich ihr Bauch vor wie ein kleiner fester Fettball – aber das lag daran, dass sie gerade gegessen hatte –, und ihr Hintern schien schlaff, zumindest aus diesem Winkel. Ihre Brüste waren nicht wie die der Frauen in den Pornofilmen, die ihren Exmann anscheinend so fasziniert hatten, und sie dachte über die entsprechende Prozedur nach, über Fettabsaugung und Bauchstraffung, ja sogar über eine Nasenkorrektur. Sie wollte nicht wie die Sprechstundenhilfe aussehen, wie Maggie, denn Maggie mochte sie nicht, Maggie stand unter ihr, Maggie war nicht einmal hübsch, doch je länger sie in den Spiegel blickte, desto weniger gefiel ihr, was sie dort sah.

Am Dienstag, dem Tag der Vorbesprechung für die OP, erwachte sie früh, blieb aber lange liegen und sah zu, wie das Sonnenlicht nach den Blättern des blühenden Pflaumenbaums vor dem Fenster tastete. Sie trank zwei Tassen Kaffee, aß aber weder Eier noch Toast oder sonst etwas, denn sie hatte beschlossen, weniger zu essen, und gab nicht einmal einen Spritzer fettarme Milch in den Kaffee. Beim Ankleiden ließ sie sich Zeit. Am Abend zuvor hatte sie einen beigen Hosenanzug bereitgelegt, von dem sie glaubte, er könnte ihm gefallen, doch als sie ihn wie eine abgestreifte Haut über dem Stuhl liegen sah, wusste sie, dass das nicht das Richtige war. Nachdem sie die Hälfte ihrer Kleider anprobiert hatte, entschied sie sich schließlich für einen schwarzen Rock, eine kobaltblaue, auf dem Rücken geknöpfte Bluse und dazu passende Pumps. Sie sah gut aus, wirklich gut. Doch dann verbrachte sie so viel Zeit damit, das Make-up aufzutragen, dass sie im Eiltempo auf den schmalen, kurvenreichen Straßen in die Stadt fahren musste, die sich unten ausbreitete. Sie musste ein paar Ampeln bei Gelb überfahren und kam trotzdem zehn Minuten zu spät zu ihrem Termin. Maggie begrüßte sie mit einem Plastiklächeln. Sie trug auch jetzt ein tief ausgeschnittenes Oberteil – für eine Sprechstundenhilfe hart an der Grenze zum Geschmacklosen – und schien ihr Haar aufgehellt zu haben. Oder nein, sie hatte sich Strähnchen färben lassen, das war es. »Wenn Sie mir bitte folgen würden«, zirpte sie, kam hinter dem Empfangstisch hervor und ging mit langsamen Schritten und wiegenden Hüften voraus durch den Korridor, und dann stand sie wieder im Sprechzimmer, und die Tür hinter ihr wurde leise geschlossen. *In Erwartung der Audienz*, dachte sie, und das gehörte zur Aura des Mysteriösen, die Ärzte kultivierten, oder etwa nicht? Warum konnten sie nicht einfach da sein, in Fleisch und Blut, anstatt in irgendeinem anderen schallgedämmten, identischen Raum am Ende des Korridors zu lauern? Sie stellte die Handtasche auf einen Stuhl in der Ecke, nahm auf dem Liegesessel Platz und widerstand dem Impuls, nach dem Handspiegel auf dem Tisch zu greifen und das Augen-Make-up aufzufrischen.

»So«, sagte er und glitt auf leisen Sohlen herein, »wie geht es uns heute?«

»Ganz gut.«

»Ganz gut? Nur ganz gut?«

»Bevor wir hier weitermachen«, sagte sie und ignorierte seine Frage, »möchte ich etwas von Ihnen wissen –«

»Natürlich«, sagte er, zog einen Hocker auf Rollen heran, so ein Ding, wie Zahnärzte es hatten, und setzte sich neben sie. »Alles, was Sie wollen. Was immer Sie auf dem Herzen haben – dafür bin ich ja da.«

»Ich wollte Sie fragen, ob Sie mich hübsch finden.«

Die Frage schien ihn zu verblüffen, und er brauchte einen Augenblick, um sich zu fangen. »Natürlich«, sagte er. »Sehr hübsch.«

Sie sagte nichts, und er beugte sich zu ihr, seine Hände strichen über ihr Gesicht, über die Haut unter den Augen, tasteten am Hinterhauptbein entlang, wogen und kneteten das Fleisch, während sie in seine unverwandt blickenden Augen blinzelte. »Was nicht heißen soll, dass man nichts verbessern könnte«, sagte er, »denn nach Ihrer Wahrnehmung – und ich stimme Ihnen da zu – gibt es hier ein paar Millimeter zu viel Haut. Und –«

»Meine Augenpartie ist mir egal«, unterbrach sie ihn abrupt. »Ich will, dass Sie sich meine Brüste ansehen. Und meine Hüften und … und« – der medizinische Ausdruck schoss ihr durch den Kopf und entfiel ihr sogleich wieder – »meinen Bauch. Er ist zu dick. Ich bin zu dick.«

Sie sah, wie er die Augen niederschlug. »Ich mache eigentlich, äh«, begann er und suchte nach den rechten Worten. »Sie sehen gut aus, vielleicht ein, zwei Pfund zu viel – aber wenn Sie interessiert sind, können wir Sie auch darüber beraten, und ich habe Broschüren –«

»Ich will keine Broschüren«, sagte sie und begann die Bluse aufzuknöpfen. »Ich will, dass Sie es mir sagen, hier und jetzt, ins Gesicht, denn ich glaube Ihnen nicht. Sie sagen, ich bin hübsch, aber als ich Sie eingeladen habe, mich zu einem Bach-Konzert – ausgerechnet! – zu begleiten, haben Sie gesagt, Sie seien zu beschäftigt, zu beschäftigt. Und dann sehe ich Sie in der Stadt. Was glauben Sie, wie ich mich da fühle?«

»Langsam«, sagte er, »einen Moment, und bitte lassen Sie Ihre Bluse … denn sonst muss ich Maggie hereinbitten. Das ist Vorschrift.« Plötzlich stand er an der Tür, die aufschwang, und rief durch den Korridor nach der Sprechstundenhilfe.

»Ich will keine Maggie.« Sie hatte den BH abgelegt und nestelte am Verschluss des Rocks. »Ich will echt aussehen, nicht wie irgendein Mannequin, nicht wie sie. Halten Sie sie da raus.«

Sie sah über die Schulter zu ihm, der noch immer an der Tür stand, und der Rock glitt an ihren Beinen hinab zu Boden. Sie hatte keine Strümpfe angezogen, denn die waren bloß hinderlich, und sie war ja hier, um sich untersuchen zu lassen, um seine Hände zu spüren, um die Bedingungen festzulegen und zu erfahren, was nötig war, um eine Verbesserung zu erreichen. Denn darum ging es hier doch, oder nicht? Um eine Verbesserung.

Thomas C. Boyle, »*Hände*«
Übersetzt aus dem Amerikanischen von Dirk van Gunsteren
© *Thomas C. Boyle / Carl Hanser Verlag, München.*
Der neue Roman von T. C. Boyle »*Wenn das Schlachten vorbei ist*«
ist am 6. Februar 2012 im Carl Hanser Verlag erschienen.

Die Autoren

Peter Berner, geb. 1963, ist Dipl.-Ing. Architekt BDA. Er studierte Architektur an der RWTH Aachen von 1983 bis 1990. 1990 gründete er zusammen mit Kees Christiaanse, Oliver Hall und Markus Neppl das Büro ASTOC Architects and Planners.

Gian Domenico Borasio, geb. 1962, studierte Medizin in München und ist Professor an der Universität Lausanne für Palliativmedizin. Zuletzt erschien *Sterben: Dimensionen eines anthropologischen Grundphänomens.*

Thomas C. Boyle, geb. 1948, ist Autor zahlreicher Bücher und Kurzgeschichten. Zuletzt erschien der Roman *Wenn das Schlachten vorbei ist.*

Christina von Braun, geb. 1944, ist Professorin für Kulturtheorie mit dem Schwerpunkt Geschlecht und Geschichte an der Humboldt-Universität zu Berlin. Außerdem ist sie als Autorin und Filmemacherin tätig sowie Sprecherin des Zentrums Jüdische Studien Berlin-Brandenburg. Zuletzt erschien *Der Preis des Geldes. Eine Kulturgeschichte.*

Jürgen Dollase, geb. 1948, studierte Kunst, Musik und Philosophie an der Kunstakademie Düsseldorf und den Universitäten Köln und Düsseldorf. Seit 1999 arbeitet er als Feinschmecker und Journalist. Er veröffentlicht Kolumnen in *FAZ*, *FAS*, *Port Culinaire* und *Fine Wine Magazine.*

Tobias Esch, geb. 1970, ist Mediziner und Gesundheitswissenschaftler. Er ist Professor für Integrative Gesundheitsförderung an der Hochschule Coburg und Mitglied einer neurowissenschaftlichen Arbeitsgruppe an der State University von New York. Zuletzt erschien *Die Neurobiologie des Glücks: Wie die Positive Psychologie die Medizin verändert.*

Peter Felixberger, geb. 1960, studierte Politische Wissenschaften, Zeitungswissenschaft und Soziologie in München. Er ist Programmdirektor des Murmann Verlages, Publizist und Medienentwickler. Zuletzt erschien *Wie gerecht ist die Gerechtigkeit?*

Hans Förstl, geb. 1954, studierte Humanmedizin und andere Fächer an der Ludwig-Maximilians-Universität München. Seit 1997 ist er Direktor der Klinik und Poliklinik für Psychiatrie und Psychotherapie der Technischen Universität München. Zuletzt erschien *Demenzen in Theorie und Praxis.*

Friedrich Wilhelm Graf, geb. 1948, ist Professor für systematische Theologie und Ethik an der Ludwig-Maximilians-Universität München. Zuletzt erschien *Kirchendämmerung. Wie die Kirchen unser Vertrauen verspielen.*

Herfried Münkler, geb. 1951, ist Professor an der Humboldt-Universität zu Berlin. Sein Schwerpunkt liegt auf der politischen Theorie und Ideengeschichte. Zuletzt erschien *Die Deutschen und ihre Mythen.*

Armin Nassehi, geb. 1960, ist Professor für Soziologie an der Ludwig-Maximilians-Universität München. Zuletzt erschien *Gesellschaft der Gegenwarten. Studien zur Theorie der modernen Gesellschaft II.*

Ines Pohl, geb. 1962, ist Chefredakteurin der *taz*. Zuletzt erschien *Schluss mit Lobbyismus! 50 einfache Fragen, auf die es nur eine Antwort gibt.*

Reinhard K. Sprenger, geb. 1953, ist promovierter Philosoph und gilt als profiliertester Managementberater und Führungsexperte Deutschlands. Zuletzt erschien *Radikal führen.*